KB265085

조직 활성화를 위한

동기부여 리더십

코페하우스

MOTIVATION LEADERSHIP

Copyright ⓒ 2006 by Yoshihisa OZASA
First published in Japan in 2006 by PHP Institute, Inc.
Korean translation rights arranged with PHP Institute, Inc.
through Japan Foreign-Rights Centre / Shinwon Agency Co.

이 책의 한국어판 저작권은 JFC/신원에이전시를 통한
피에치피인스티튜트와의 독점계약으로 한국재정경제연구소에 있습니다.
저작권법에 의해 한국 내에서 보호받는 저작물이므로
무단전제와 복제를 금합니다.

나는 지금까지 수많은 리더와 마주하여 왔다. 리더들은 조직을 활성화하기 위해, 조직의 변화를 위해, 조직의 경쟁 우위를 위해 진지하게 고민하고 번뇌하고 있다. 그리고 고독하다. 그러한 그들의 고민을 듣고 그들을 둘러싼 상황을 분석하여 제삼자의 관점으로 리더십의 방향성을 제시하고 동시에 그 실현을 지원하여 왔다. 그러한 경험을 거듭한 결과 내가 내린 결론은 다음의 4가지이다.

첫 번째는 리더십은 내부환경인 구성원과 외부환경인 시장과의 상호작용이다. 그러한 의미로는 리더십만을 단독으로 떼어 내어 「올바른 리더십이란」 이라고 하는 질문은 성립하지 않는다. 찾아야 하는 것은 내부조직과 외부환경에 즉시 대응하는 적절한 리더십이다.

두 번째는 적절한 리더십을 발휘하기 위한 원리원칙이 틀림없이 존재해야 한다. 리더를 둘러싼 내외 환경은 일정 법칙에 따라 변화한다. 리더십의 원리원칙이란, 이러한 환경 변화에 적응해 가는 것이다. 원리원칙으로부터 동떨어진 리더십은 반드시 실종한다.

세 번째는 리더십은 태어날 때부터의 자질로 정해지는 것이 아니다. 리더십은 기술이다. 즉 갈고 닦을지 갈지도 닦지도 않을지의 문제이다. 본문에서 언급한 원리원칙을 알고 실전에서 단련하면 그 기술은 확실하게 늘어난다. 자신은 리더에 적합하지 않다고 하는 약한 소리는 기술개발을 포기하기 위한 변명에 지나지 않는다.

네 번째는 리더십은 역할을 뛰어넘은 행위이다. 어떠한 상황에서도 리더십을 발휘하는 인간이 리더이며, 그러한 점에서 매니지먼트와는 다르다. 변화가 심하고 앞날이 불투명한 시대에서는 매니지먼트보다도 리더십이 요구된다.

이 책에서는 리더십의 원리원칙에 대하여 동기부여를 주된 출발점으로 하고 있다. 리더십을 어느 일정한 목표를 향하여 사람들에게 영향을 주고, 실현을 이끄는 행위라고 정의하고, 동기부여나 영향력이라고 하는 관점을 중심에 두는 것이 실천적인 내용이 된다고 생각했기 때문이다.

이 책은 비즈니스 리더와 리더를 지향하는 사람을 대상으로 저술하였다. 리더가 이끄는 조직을 복수의 인간에 의한 협동체로 받아들인다면 교육이나 의료분야 기타 공적 기관에서도 뛰어난 리더십에는 공통의 원리원칙이 있다고 확신하고 있다. 그러한 의미에서는 리더를 지향하는 사람이라면 분야에 상관없이 이 책의 많은 부분을 참

고로 할 수 있다고 생각한다.

이 책을 통하여 한 명이라도 많은 사람이 리더십의 원리원칙을 알고 그것을 실현하여 기술을 높이고 거기서 재미를 발견해 주기를 바란다. 그 과정에서 이제까지와 다른 새로운 풍경을 독자에게 제공할 수 있었다면 저자는 더없이 행복할 것이다.

지은이   오자사 요시히사

1부
동기부여 리더십의 조건

어떻게

통솔하면 성과를 올릴 수 있는가?

동기부여 리더십의 조건

 **원칙 1** 　# 아이컴퍼니 | company

리더는 자기주식회사의 경영자이다

자신이 「아이컴퍼니」이다

뛰어난 리더는 강한 자립심을 가지고 있다. 그들의 공통점은 자기 자신이 하나의 '주식회사=아이컴퍼니' 경영자라고 생각하고, 매일매일 경영에 대한 지속적인 노력을 거기울이며 초우량기업Excellent Company을 지향한다. 당신이 우수한 리더가 되기를 희망한다면 그들과 같이 자신을 하나의 주식회사로 바꾸어 생각해보자.

다음의 질문에 답해보자.

아이컴퍼니의 5년 후 10년 후의 비전은?

- 그 비전은 사원이나 투자자에게 매력적인가?
- 아이컴퍼니의 고객은 누구인가?
- 경쟁상대는 누구인가?
- 아이컴퍼니의 경쟁우위는 무엇인가?
- 고객에게 자랑할 만한 상품이나 서비스 또는 기술은 무엇인가?
- 사업을 하는데 있어서 중요하게 생각하는 이념은 무엇인가?

경영자들은 실제로 이러한 것들을 항상 자문자답하고 늘 자사의 발전을 위해 고민하며 좀 더 나은 성과를 위하여 노력한다. 그래서 경영전략을 변경하거나 규모가 큰 선행 투자를 결정하는 결단을 한다. 조직에서 리더십을 발휘하고자 하면 매사에 '아이컴퍼니 경영자' 라고 하는 마음과 자세를 몸에 익히지 않으면 안 된다.

예를 들면 현재 근무하고 있는 회사는 아이컴퍼니 설립등기장소이며, 자신이 일하는 하는 부서는 업태이고, 자신이 하고 하는 업무는 종목이고, 자신이 받는 급료는 아이컴퍼니의 매출이 된다. 아이컴퍼니의 고객은 소속부서의 상사 또는 타부서의 사원이며, 함께 일을 하는 동료나 부하 직원은 아이컴퍼니의 협력기업이며, 업종교류회에 참석하거나 자격취득공부를 하는 등 자기계발을 하는 것은 아이컴퍼니의 선행 투자 활동으로 볼 수 있다.

회사에서 능력을 인정받아 하나의 프로젝트를 맡아 진행하게 되면 아이컴퍼니의 확대기로 들어선 것이며, 인사이동으로 소속과 직무가 변경되면 경영환경 변화에 따른 업종을 추가하는 것이다. 이와 같은 경영마인드로 자기 자신을 '주식회사 = 아이컴퍼니'로 자기회사를 경영하는 경영자로 생각한다.

아이컴퍼니 「공감자」를 창조한다

경영환경이 급격하게 바뀌는 지금 이 시대에 아이컴퍼니라고 하는 사고방식이 강력하게 요구되는 이유는 다음 3가지이다.

첫 번째는 수명(壽命 Life)이다.

기업의 수명이 인간의 수명보다도 짧아진 것을 들 수 있다. 예전에는 평균 연령 60세라고 하는 시대에 100년 200년이라는 역사를 가진 전통 있는 회사나 가게의 존재는 드물지 않았으나, 현재는 기업의 수명은 짧아지고, 사람의 평균 수명은 80세 이상으로 늘어났다.

이러한 점 때문에 인간인 자신보다 수명이 짧은 기업 조직이나 특정 집단에 의존하여 자신의 인생을 맡기는 생활 방식은 위험하다고 생각하게 된 것이다. 누구나가 사회나 조직에 의존하는 일 없이 자립적으로 인생을 개척할 필요가 높아졌다.

두 번째는 양극화이다.

선택되는 것과 선택되지 않는 것이 확실해졌다. 계속 성장하는 시대와 같이 누구나 일정한 성장을 누릴 수 있는 시대는 끝을 고했다. 경제가 성숙기에 들어서 진정 가치 있는 것과 매력적인 것만이 선택되는 시대가 된 것이다. 그 필연적인 결과로서 양극화 시대가 오고 있다.

기업이나 상품이 승리자와 패배자로 양극화하는 것과 같이, 이제부터 개인 레벨에서도 필요로 되는 자와 불필요의 낙인이 찍힌 자의 양극화가 일어난다. 이미 취업전문 및 헤드헌트 등의 인재시장에서는 보수의 양극화 현상이 두드러지고 있다. 연봉 3000만 원대에서 수천만 원대 인재, 억 원대에서 수억 원대 인재 등으로 구분하고 있는 것이 사실이다. 이제부터는 자기 자신이 시장에서 요구되는 존재, 선택되는 존재로 인정받기 위한 노력을 하여야 한다.

세 번째는 IT화와 소프트화이다.

아날로그 시대는 물품이 부족한 시대로 특정 업종과 기업이 주역이 되어 경제를 부흥시켰다. 그리고 성장기에는 각각의 업종과 기업이 성장하여 경제발전을 이루었다. 그 시대에는 대부분 어느 누가 그러한 일을 해도 성과에 큰 차이가 나지 않는 규격형 업무가 주류였다. 그러나 성숙기인 지금은 다르다.

더욱이 IT(정보기술)화나 경제의 소프트화가 가속화되면서 개인에 의한 성과차이가 큰 분야의 업무가 대부분을 차지한다. 실로 개인의 성과가 추구되는 시대 바꿔 말하면 가치를 만들어 내는 주역이 업계나 기업이 아닌 개인이 된 것이다.

이와 같이 수명은 개인의 수명과 조직의 수명, 양극화는 선택되는 자와 선택되지 않는 자, IT화·소프트화는 개인이 가치를 만들어내는 주역이라고 하는 환경 변화에 따라 각자의 창의나 아이디어 혹은 노력에 따라서는 예전에는 상상할 수조차 없었던 속도로 꿈이나 희망을 실현할 수 있는 상황이 만들어지고 있는 것이다.

이와 같이 생각하면 리더십을 발휘한다고 하는 것은 아이컴퍼니를 설립하여 그 공감자를 창조하고 목표를 향하여 이끄는 것이 바로 그것이다. 리더는 이와 같은 아이컴퍼니의 경영자라고 하는 자세를 가지지 않으면 안 된다.

사회나 조직에 의존하여 스스로 아무것도 결정하지 않고, 위험을 줄이려고 하지도 않고 언제나 무언가 문제가 있으면 환경이나 조직 또는 다른 사람의 탓을 하는 그런 인재는 절대로 리더십을 발휘할 수 없다. 자기 책임 의식이 없는 리더에게 구성원은 따르지 않기 때문이다.

아이컴퍼니 「경영계획서」를 작성한다

아이컴퍼니의 경영자는 자립적이고 냉정하고 명확하다. 회사에 대해서 고용되어 있다고 하는 생각도 하지 않는다. 회사가 자신을 어떻게 사용하고 싶은 것일까라고 생각하는 대신에 자신은 이렇게 하고 싶다고 하는 발상을 가진다.

소속되어 있는 기업과 대등한 파트너십을 연결하여 서로 가치 교환을 하고 있다는 기분으로 직무에 임한다. 또한 아이컴퍼니를 번영시키기 위해 주위와 신뢰 관계를 중요하게 하고 다른 사람에 대해서도 유어컴퍼니로서 그 존재를 존중한다.

고객의 존재 고객 만족의 증대가 아이컴퍼니의 시가총액을 높이는 것을 알고 있기 때문에 언제나 자기를 연구하고 노력하고 있다. 그러한 리더가 구성원에게 영향을 주면서 조직을 이끌어 큰 업무를 완수하는 것이다.

리더십이나 동기부여 기술은 여러 가지가 있으나 나는 많은 우수한 리더와의 만남을 통하여 여기서 기술한 아이컴퍼니 의식이 리더십의 대전제라고 생각한다. 이 책을 통하여 리더십이나 구성원의 동기부여에 대한 도움을 얻고자 한다면 먼저 오늘부터 아이컴퍼니를 경영하길 바란다.

- 어떤 회사로 경영하고 싶은가,
- 어떤 영역에서 자사의 브랜드를 구축하고 싶은가,
- 어떤 방침으로 인사를 행할 것인가를 생각해 보자.

그리고 리더십의 기술을 운운하기 이전에 그 전제로서 아이컴퍼니의 정관을 생각하고 경영계획서를 책정할 것을 권한다.

- 환경에 어떻게 적응해 나갈 것인가,
- 변화에 어떻게 적응해 나갈 것인가,

나아가 아이컴퍼니를 어떠한 방향으로 이끌어 갈 것인가를 결정하는 것은 자신만이 할 수 있으며 아이컴퍼니를 변화시키는 권한을 가지고 있다고 하는 결심을 하여야 한다. 많은 사람은 그러한 리더에게 매력을 느끼고 공감하여 그 사람에게 공헌하고 싶다고 하는 동기부여를 갖게 되는 것이다.

비 전 vision

알기 쉽고 매력적인 비전을 그린다

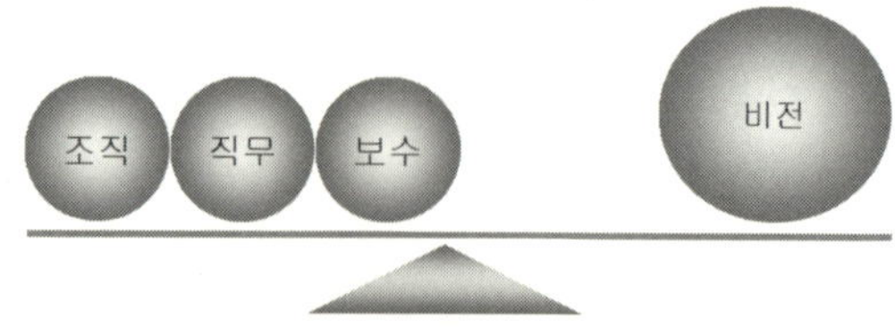

비전은 「내적 체험」으로부터 생긴다

리더십의 다른 하나의 대전제는 그것은 비전이다. 비전이 없으면 사람들을 이끌거나 통솔할 수 없다. 리더십은 어떤 일정한 목적을 위하여 사람들에게 영향을 주어 그 실현으로 이끄는 행위이므로 비전도 목적도 없이 다른 사람에 대해 영향력을 발휘하려고 하면 사람들을 곤혹스럽게 할 뿐이다.

리더십을 발휘하여 사람들의 에너지를 끌어내고 싶다면, 그리고 자기 혼자만의 힘으로는 실현 불가능한 일을 이루고 싶다면 먼저, 아이컴퍼니의 경영자가 되어 스스로의 비전을 명확히 내걸고 사람들의 공감을 얻고자 노력하지 않으면 안 된다. 보이지 않는 미래를 보고 설계하여 보여준다. 그것이 리더의 필수 조건이다.

그럼 도대체 비전은 어디에서 오는 것일까.

그것은 외부의 컨설턴트에 의해 보여지는 것이 아니고, 다른 리더를 모방하는 것도 아니다. 빌려온 비전에는 정신이 들어가지 않는다. 사람을 매료시키고, 사람의 에너지를 끌어낼 수 있는 박력 있는 비전은, 예외 없이 리더 자신의 내적 체험으로부터 오는 것이다.

내적 체험이란 당신 자신이 이제까지의 인생에서의 다양한 체험을 통하여 얻은 희로애락의 감정이며 그것들 안에 비전을 만드는 재료가 반드시 잠재되어 있다. 당신의 체험은 독자적인 것이나 그 안에도 다른 사람이 가진 감각과 공통되는 것이 있으며, 사람들의 공감을 부르는 요소가 포함되어 있다. 그러한 비전을 나타낼 수 있다면 사람들의 잠재적인 의식을 상기시켜 거기에 지지나 공감의 마음이 생긴다.

리더십을 발휘하려면 스스로의 체험을 통하여 자신에게 만들어진 감각 즉 세상의 이런 불합리를 해소하고 싶다, 이런 세상을 만들고 싶다, 업계의 관습에 의문을 느낀다, 업계의 발전에는 이러한 변화가 필요하다 등의 문제 의식을 재료로 하여 사람의 마음을 움직이는 매력적인 비전을 그리도록 노력하지 않으면 안 된다.

사람은 어떤 리더를 따르는가

리더십에 있어서 얼마나 비전이 중요한지를 뒷받침하기 위해 사람은 어떠한 요소에 끌려 자신이 속할 집단(자신이 공헌 할 조직)을 정하는가에 대해 생각해 보자. 사람이 소속 집단을 정하는 결정적 요소는 심리학의 도움을 빌려 요약하면 다음 4가지 요소이다.

첫째 요소는 조직의 활동 내용이다. 즉 사업이나 업무 내용의 매력이다. 사업의 사회적 영향력이나 의미, 업무 내용의 적성이나 업무의 진정한 재미 등의 측면이 인간의 기업 선택이나 직업 선택에 커다란 영향을 준다.

둘째 요소는 조직을 구성하는 사람의 매력이나 조직 풍토의 매력이다. 조직이 사람의 모임인 이상 어떠한 사람들과 어떠한 분위기 속에서 지낼지가 사람이 조직이나 일을 선택할 때의 결정적 요소가 되는 경우가 많다.

셋째 요소는 대우나 기타 조건의 매력이다. 회사에 공헌의 담보로 받는 급여 등의 대우가 중요한 요소임은 너무 당연하다. 제공하는 공헌 행위 = 대우라고 하는 균형이 크게 무너진 경우 그 사람은 조만간 조직으로부터의 떠날것을 생각하게 될 것이다.

넷째 요소는 조직이 내거는 비전이나 이념의 매력이다. 사업이나 업무 내용의 매력, 사람이나 조직 풍토의 매력, 대우나 조건의 매력에 더하여, 조직으로서 달성하고자 하는 꿈이나 비전이라고 하는 측면이 사람들의 귀속 집단의 취사선택에 미치는 영향력은 측량할 수 없을 정도로 크다. 먹기 위해 일한다고 하는 것이 줄어들고 많은 사람이 인생의 의미나 의의를 묻기 시작한 풍족한 시대에는 비전의 공감이라고 하는 요소의 중요도가 높아진다.

실제로 이러한 4가지 요소가 서로에게 영향을 미치고 있는 안에서 사람은 어떠한 집단에 소속하는가, 스스로의 공헌 행위를 어디서 누구에게 바칠지를 종합적으로 판단하지만 4가지 요소 중에서도 비전에 대하여 각별한 관리가 필요하다. 왜냐하면 리더로부터 비전을 제시받아 처음으로 첫 번째 요소인 자신이 하고 싶은 업무 내용에 눈을 뜨고, 명확하고 공감도 높은 비전을 말하는 리더의 인적 매력이 높아져 두 번째 요소가 담보된다.

나아가 비전의 공감 그 자체가 세 번째 요소 대우나 조건을 능가할 가능성도 높다. 인간에게 있어서 비전의 공감 상태는 조직으로부터 받는 보수가 동등하거나 경우에 따라서는 그 이상의 보수가 될 수 있기 때문이다.

비전의 설정에 많은 시간을 투자한다

그럼 리더는 비전을 어떻게 정하고 어떻게 전달하는가.

예를 들면 5년 후에 ○○억 원의 매출을 목표로 한다고 하는 것은 비전이 아니다. 그것은 단순한 조직의 활동량을 수치화 한 것에 지나지 않는다. 중요한 것은 ○○억 원의 매출을 달성해야 하는 것은 무엇을 이루고자 하는 것이다. 그 무엇을 만들어 내고자 하는 미래 구상도이다.

- 어떤 비전을 갖고 싶은가?
- 어떤 공헌을 하고 싶은가?
- 이 조직의 업계에서 어떤 모습으로 비춰지고 싶은가?
- 고객에게 어떠한 가치를 제공하고 싶은가?,
- 자사나 부서에서 지금과는 다른 어떠한 가치 있는 일을 하고 싶은가? 에 대한 답을 비전에 담아내야 한다.

또한 우수한 리더는 그 비전을 간결하게 전달하는 기술을 가지고 있다. 당신의 비전은? 이라고 질문 받아 3분 이내에 요약하여 상대방에게 명쾌하게 전달할 수 없다면 주위의 사람들로부터 공감을 얻어 내는 것이 어렵다.

비전에 요구되는 제1조건은 알기 쉬울 것이다. 제2조건은 질문하는 사람이 가슴이 뛰는 미래 구상도인가 이다. 사람이 에너지를 발휘하는 것은 비전의 이해나 지지한다고 하는 단계를 뛰어넘어 '공감' 이라고 하는 상태에 달하였을 때이다. 설령 간결하고 명쾌하게 비전을 그려도 그것이 공감자를 만들어 내는 파워가 빠져 있다면 그 비전이 달성되는 날은 오지 않는다.

비전을 책정하기 위해 많은 시간을 들여도 결코 헛된 것이 아니다. 왜냐하면 알기 어렵고 사람의 마음을 울리지 않는 비전 보다, 구체적이고 알기 쉽게 사람들의 마음을 움직이는 비전이 실제로 목표를 달성하게 될 가능성이 높기 때문이다. 이와 같이 매력적인 비전의 책정은 리더에게 필요불가결한 최우선 사항인 것이다.

비전을 공유하기 위해서는 시각화에도 노력하여야 한다. 포스터나 카드 혹은 영상으로 미래 구상도를 공유하고 나아가 다양한 미디어를 통하여 계속적으로 알리는 것이 비전을 침투시키는 열쇠가 된다. 이는 리더가 비전의 공유에 강한 의지를 가지고 행동하고 있다는 것을 표명하는 것이다.

조직에 비전을 침투시키기 위해서는 커뮤니케이션 비용을 충분히 책정하고 있는 조직이 결속력이 강한 조직이다. 비전을 실현시키기 위한 사고와 행동이 구성원에게 침투하기 때문이다. 리더가 지불한 커뮤니케이션 비용은 비전 실현이라고 하는 큰 성과가 되어 되돌아오는 것이기 때문이다.

갈 등

예술적인 센스가 대립사항을 통합한다

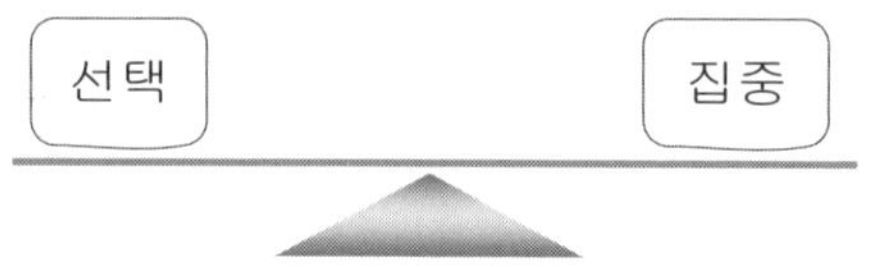

리더가 직면하는 5가지 갈등

비전의 중요성을 이야기하였다. 비전의 실현을 향하여 효과적인 전략을 짜고 개개인의 목표를 정하여 사람들을 이끌어 성과를 낸다고 하는 사이클cycle이 리더의 신뢰를 배가시켜 강한 리더십을 발휘하게 된다. 리더십에는 성과가 불가결하며, 성과 없는 비전은 그림에 떡이다. 일정한 성과를 반복하여 만들어 내는 것은 리더가 되기 위한 최저 조건인 것이다.

그래서 최대의 문제는 비전 실현을 향하여 리더가 실제로 어떠한 행동을 취하는 가이다. 그 선택지는 무한하며 리더는 항상 그 갈등에 직면한다. 일정 성과를 내기 위해 서로 상극 하는 대립

사항을 통합해 가는 활동이야말로 리더십이며 그것은 예술적인 활동이라고까지 말할 수 있다.

다음의 전형적인 갈등상황 5가지에 대한 대처 방법이 리더십 스타일style을 결정한다.

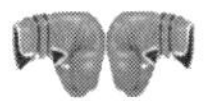 대립사항① 「효율 vs 감정」

효율을 위해 동기부여를 희생해도 되는가?

이것은 원래 리더가 만들어 내야 하는 성과란 무엇인가에 대한 갈등이다. 결론부터 말하면 리더가 목표로 하는 성과는 조직으로서의 최대 효율의 추구와 개개인의 동기부여의 극대화라고 하는 대립 사항의 통합에 의해 만들어진다.

비전의 실현을 향하여 리더는 조직으로서의 최대 효율을 추구하기 위해 유효한 전략을 짜고 효과적인 업무 설계를 하여, 각자 역할 분담을 하고 누가 무엇을 언제까지 어느 정도 실행하는가라고 하는 목표설정이나 책임배분을 한다. 그러나 그때 효율만을 중시하면 조직은 반드시 피폐해진다. 개개인의 활동을 담당하는 것은 감정을 가진 인간이기 때문이다. 설령 단기적인 효율을 실현해도 그것이 구성원의 감정 측면을 무시한 방법이라면 다음의 성과를 향하여 다시 구성원으로부터 충분한 에너지를 조달할 수 없게 된다.

리더의 눈앞에는 언제나 조직으로서의 최대 효율의 추구와 개개인의 동기부여의 극대화라고 하는 대립 사항이 모습을 나타내게 된다. 넓은 의미로의 리더의 성과는 이 양방의 달성 정도로 측정할 수 있다. 우수한 리더는 서로 대립하는 효율과 감정을 동시에 실현하는 예술적인 수완을 발휘한다.

 대립사항② 「수용 vs 지배」

시장에 어떻게 대응해야 하는가?

이는 환경 적응에 관한 리더의 갈등이다.

환경의 적응은 주로 고객의 공헌이나 고객 수요의 수용을 의식하면서 한편으로 환경의 시장이나 고객에 대한 지배력을 익혀 두지 않으면 안 된다. 고객 공헌이나 고객 수요의 수용을 경시하면 조직의 존재가 위험해지는 한편, 시장이나 고객에 대한 지배력을 손에 넣지 않으면 고객의 공헌 기회를 잃어버린다고 하는 위험에 처하게 된다.

조직이 가지는 자원은 한정되어 있다. 그 안에서 유효한 활동을 하려고 한다면 모든 고객 수요에 응해서는 안 된다. 리더는 시장이나 고객과 마주 할 때에 언제나 수용 VS 지배라고 하는 갈등을 안게 된다.

 대립사항③ 「단기 vs 장기」

눈앞의 것만으로는 장래에 성공은 없다

이는 리더가 채용하는 시간 축에 관한 갈등이다.

현재의 이익을 위해서 지금의 시장과 고객을 유지하기 위한 투자를 계속 하여야 할 것이다. 그러나 장래의 이익을 창조하기 위한 신상품 개발이나 신규 고객을 개척하기 위하여 일정한 자원을 나누어 투자하여야 한다.

단기 이익만을 추구하면 장래의 환경 변화에 대한 준비가 불충분하게 되고, 반대로 중장기 시점으로 치우치면 현재의 이익을 놓쳐 발밑을 흔들리게 하는 결과에 빠진다. 이와 같이 리더는 서로 대립하는 현재와 미래의 이익을 위하여 단기와 장기의 균형을 이루는 투자 등의 결정과 선택을 하여야 한다.

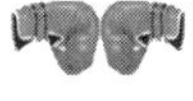 대립사항④「논리 vs 감각」

논리에 걸맞은 감성을 갖는다.

이는 사물의 판단 기준에 관한 리더의 갈등이다.

사물의 판단에 있어서는 사물에 관한 정보를 수집하여 논리나 합리를 축으로 판단을 내리지 않으면 안 된다. 그러나 때로는 감성이나 감각으로 결단하는 것도 중요하다. 논리나 합리에 의해 도출된 정답은 많은 사람들의 이해를 얻기 쉽다는 이점이 있으나, 종종 독자성이 빠져 있는 경우가 많기 때문이다. 반대로 감성이나 감각에만 의존한 결단은 영속성이나 재현성이 부족하여 많은 사람들의 납득시키기 어렵다.

리더에게는 자신의 특성을 충분히 이해 한 후에, 논리와 감각을 제대로 나누어 사용하는 요령이 필요하다. 감성을 뒷받침하는 논리와 합리성이야말로 계속하여 사람들을 끌어당기는 최고의 예술적인 활동이다.

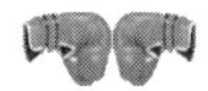 대립사항⑤「분화 vs 통합」

분화하면서 일체감을 어떻게 유지할까

이는 조직 관리에서 리더는 늘 갈등한다. 조직을 디자인하는데 있어서 그 규모의 확대와 함께 전문화와 분화를 진행할 필요성이 늘어난다. 리더는 업무효율을 높이기 위해 일정 그룹이나 개인의 전문화를 도모하지 않으면 안 된다. 하지만 이로인하여 조직의 분화가 계속되면 조직의 일체감이 줄어드는 약체화에 직면한다.

리더는 적절한 분화를 추진하면서도 그 반대로 전체 통합을 향한 시책을 강화하지 않으면 안 된다. 전체 통합을 게을리 하면 조직이 뿔뿔이 흩어지고 분화를 게을리 하면 조직 확대의 스피드가 둔화된다. 우수한 리더는 분화와 통합의 절묘한 반복에 의해 조직을 확대 발전시키는 것이다. 이상과 같이 서로 대립하는 것을 통합한다고 하는 리더의 행동은 단순히 '균형을 잡는다'고 하는 행동이 아니라 더욱 역동적인 움직임을 보이는 것이다.

상황에 따라 일정한 시간 축을 중심으로 현재와 미래를 바라보며 분화하고 통합하는 것이다. 이와 같이 무엇을, 언제, 어디로, 어떻게 하는가를 끝까지 확인하고 정확하게 실행하는 것이 실로 예술적 활동이라고 할 수 있다.

리더의 선택 가능성은 무한하게 존재하여 정답은 아무도 주지 않는다. 이와 같은 서로 모순되는 두 항목을 통합해 가는 과정이야말로 리더십의 스타일이 존재하고 리더의 진가가 요구되는 것이다.

어떻게 결단하든 그 결단을 내린 순간에 정답이거나 오답으로 정해지는 것이 아니다. 가장 중요한 것은 스스로가 내린 결단이 결과적으로 정답이었다고 말할 수 있는 결과로 이끄는 것이다. 그러기 위해서는 결단한 사항을 철저하게 실행해야 한다. 그렇지

않으면 스스로의 결단에 대한 정답도 오답도 검증할 수 없게 된
다.

결정을 실행함에 있어서 모든 에너지를 투입하여 "이런 결정
해서 다행이다"라고 생각할 수 있는 결과를 내는 것이 중요하
다. 그러한 결과를 내기 위한 리더의 결단과 실행력이 가장 중요
하다. 리더가 결단력이 없는 것도 나쁘지만 실행력이 없는 결단
을 하는 것은 더욱 나쁘다.

영 향 력

5가지 영향력의 원천이 구성원을 움직인다

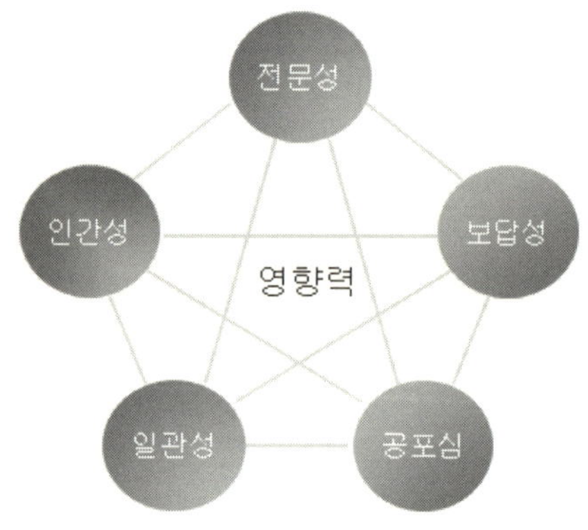

사람을 움직이는 5가지 힘

비전을 그리고 그 실현을 위해 다양한 모순을 통합하는 것이
리더의 역할이자 사명이다. 그리고 스스로의 책임에서 결단을 내

리고 성과를 향해 조직을 이끈다. 그때 리더에게 있어서 불가결한 것이 영향력의 발휘이다.

리더십이란 구성원과의 상호작용이다. 리더를 진원지로 하는 상호작용을 조직에서 만들어내지 않으면 리더십은 발휘할 수 없다. 비전을 실현시키기 위한 전략을 실행하는 과정에서 직면하는 여러 가지 대립사항을 통합하여 구성원으로부터 바람직한 행동을 이끌어 내야 한다. 이와 같은 리더의 행동은 구성원에게 일정한 영향력을 발휘하지 못하면 성과를 내기가 어렵다.

그러면 도대체 리더의 영향력의 원천에는 어떠한 것이 있는가. 여기서는 리더가 발휘해야 하는 영향력의 5가지 원천에 대해 알아보자.

영향력의 원천① 전문성

우리는 어느 분야든 전문가의 조언이나 지도를 순순히 받아들인다.

프로골퍼에게 골프스윙을 배울 때 반론하는 사람은 없을 것이다. 또, 의사로부터 지시는 적극적으로 받아들여 처방된 약을 아무런 의심을 품지 않고 먹고 있다. 이것들은 프로골퍼나 의사라고 하는 어느 분야의 전문성에 대해, 우리들이 신뢰를 가지고 있기 때문이다.

이렇게 생각하면 리더가 사람을 움직이는 경우에도 "자신들을 둘러싼 환경에 정통하다, 해당 업무의 권위자이다, 구성원 이상으로 경험이 풍부하다" 등이 구성원이 전문성에 대한 신뢰가 영향력을 발휘하는 전제가 되는 것을 알 수 있다.

모든 영역에서 구성원을 웃도는 전문성을 익히려 하는 것은 넌센스지만 얼마간의 전문성을 익혀둘 필요가 있다. 사람은 자신이 인정한 부분에서 높은 능력이나 풍부한 경험을 가진 리더로부터 영향을 받아 그 지시를 받아들여 자신의 사고나 행동을 바꾼다.

영향력의 원천② 인간성

우리들은 인간적으로 매력 있는 사람으로부터의 지시를 받아들이는 경향이 있다. 그럼 우리들은 어떠한 상대에게 인간적인 매력을 느끼는 것일까?

인간적 매력을 형성하는 요인은 크게 4가지로 나뉜다.

첫 번째는 신체적 매력이다. 생김새나 표정, 머리모양부터 복장이나 스타일에 이르기까지 우리들은 외향적인 매력에 따라 상대에게 호감을 느끼는 경향이 있다.

두 번째는 태도의 유사성이다. 이것은 어느 특정한 사상에 대한 찬성이나 반대라고 하는 태도가 자신과 유사한 사람에게 공감을 느끼는 경향을 나타낸다. 매니아 팬끼리 사이가 좋아지거나 흡연자끼리 친밀도가 높아지는 깃이 이에 해당한다.

세 번째는 상대로부터의 긍정적인 평가이다. 자신을 인정하고 높이 평가해 주는 상대에게 인간적 매력을 느끼고 그 사람을 좋아하게 된다고 하는 것은 자연스런 감정이다.

네 번째는 공간적 접근이다. 공간적 접근이라고 하면 귀에 익지 않은 말이겠지만 요약해서 말하면 가까운 존재와 같은 의미로 해석해도 좋을 것이다. 사람은 자주 만나는 사람이나 같은 고향의 사람에게 친근감을 느껴 인간적인 매력을 느끼는 경향이 있다. 전문성이 결여되어 있는 리더는 인간성이라고 하는 영향력을 갖기 위해 스스로를 계속하여 갈고 닦지 않으면 안 된다.

영향력의 원천③ 보답성

우리들은 은혜와 의리를 느끼고 있는 사람에 대해 어떻게 해서든 그 상대에게 보답하고 싶은 심정을 가진다. 이른바 신세를 갚고 싶다, 기대에 응하고 싶다고 하는 심리이다.

아주 더운 계절에 먼 곳에서 몇 번이고 와 준 세일즈맨으로부터 무언가 사주고 싶다고 생각한 경험은 누구나 가지고 있을 것이다. 또한, '부모에게 효도하고 싶다'고 하는 기분도 양친에 대한 보답성의 심리가 그 근원에 있다. 상대를 위해 열심히 최선을 다하는 리더, 가족처럼 친절하게 상담해 주는 리더는 상대에 대해 영향력을 발휘한다.

만일 당신이 전문성이나 인간성에 자신이 없어도 보답성을 추구하는 것으로 사람들의 영향력을 높이는 것은 충분히 가능하다.

영향력의 원천④ 일관성

우리들은 리더의 일관된 태도에 커다란 영향을 받는다. 비전이 흔들림 없고 실현을 향한 전략도 명쾌하며 전략과 연계한 결단을 내리고 그 결단과 일상의 언동이 일치하고 있으면 우리들은 그 자세에 강하게 감화되어 스스로의 행동을 변화시키는 경향이 있다.

지역밀착으로 고객과의 거리를 좁힌다, 고객 중시의 자세로 클레임을 없앤다, 기술력 중시로 시장을 제패한다, 실력주의로 인재를 발탁한다, 전국으로 사업거래처를 넓히는 것을 등을 스스로 내걸은 슬로건에 대해 철두철미하고 머뭇거리지 않고 실행하는 리더에게서 사람들은 강한 끌림을 받게 되는 것이다.

리더에게 일관성이 있으면 구성원은 리더에게 상담하기 전부터 "분명 이 건에 관해서는 리더는 ○○라고 답할 것이다" 라고 예측할 수 있다. 그리고 자기 자신의 언동을 리더가 이끄는 방향으로 동화시켜 가는 것이다. 설령 리더에게 다른 요소가 결여되어 있다고 해도 사람은 '일관성' 있는 리더에게 강하게 끌린다.

영향력의 원천⑤ 공포심

우리들은 두려움을 갖고 있는 사람에게는 순순히 따르는 경향이 있다. 마키아벨리는 군주론에서 다음과 같이 표현하고 있다. "군주는 사람들이 두려워하는 것과 사람들로부터 사랑 받는 것 어느 쪽이 좋은가 물론 양쪽을 겸비하고 있는 것이 바람직하다 그러나 어느 하나를 선택한나면 시랑 받기보다는 사람들이 두려워하는 편이 안전하다." 공포심이라고 하는 것을 거스르지 못하는 인간의 약함을 현실적인 눈으로 지켜본 15세기의 이상가의 함축적인 표현이다.

분명 리더십을 발휘하는 데에는 어느 정도 사람들로부터 두려움을 받을 필요가 있다. 이것은 공포정치를 의미하는 것이 아닌 신상필벌을 망설임 없이 실행할 수 있는 공포감·엄격함으로 받아들여졌으면 한다. 두려움·엄격함을 가진 리더는 조직에 있어서 강한 영향력을 발휘하여 성과를 향해 조직을 통합하는 힘을 가진다.

다만, 사용 방법은 충분히 주의해야 한다. 구성원의 역량이 낮거나 경험이 적을 때, 구성원의 자립심이나 프로 의식이 낮을 때, 그리고 리더 자신이 누구보다도 자신에 대한 엄격함을 가질 것, 이와 같은 조건일 때에 마키아벨리의 말처럼 두려움은 때로는 다른 4요소 전문성, 인간성, 보답성, 일관성을 능가하는 압도적인 영향력을 발휘하는 경우도 있다.

리더십을 발휘하는 것을 영향력을 발휘하는 것이라고 생각하면 리더는 여기서 기술한 전문성, 인간성, 보답성, 일관성, 공포심 중 몇 가지를 가지지 않으면 안 된다. 나아가 일류 리더를 노리고 있다면 이들 모든 것을 높은 레벨로 보유해야 한다. 그러기 위해 자신이 갖추고 있는 영향력의 강약을 분석하고 자신에게 모자라는 영향력의 원천을 손에 넣도록 노력하지 않으면 안 된다.

사람들에게 있어서 대단하다고 생각되는 능력이나 경험을 갖고 있는 리더는 멋있는 인간적 매력이 넘치고 감사하다고 생각할 정도로 가족 같고, 어떠한 때라도 흔들리지 않는 일관성에 의해 상황에 따라서는 무섭다 엄격하다고 하는 느낌의 태도를 보인다. 그러한 수퍼 리더는 틀림없이 큰 성과를 만들어 낸다. 왜냐하면 이러한 리더에게는 누구나가 자신의 에너지를 최대한으로 바치려고 하기 때문이다.

스 위 치 switch

스위치법으로 구성원을 변화시킨다

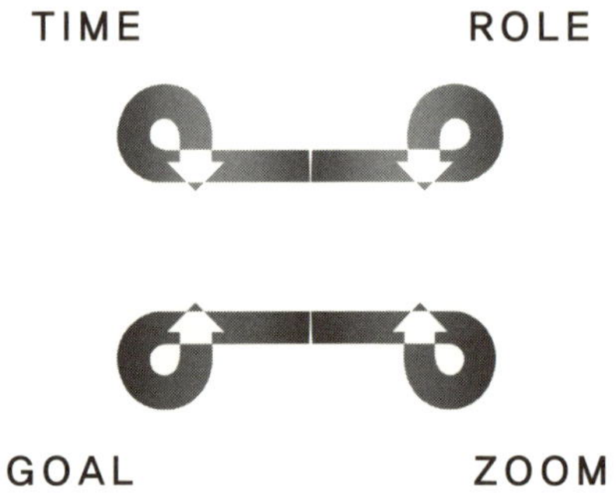

구성원의 의식을 변화시키는 4가지 방법

리더는 영향력을 사용하여 구성원으로부터 바람직한 행동을 이끌어내지 않으면 안 된다. 그것이 어느 정도 실행 가능한가에 따라 리더십의 우열이 결정되고, 나아가 조직의 성과가 변한다. 우수한 리더는 구성원으로부터 바람직한 행동을 이끌어내기 위해 그들에게 새로운 생각을 주는 스위치 법을 활용하고 있다.

특히 조직 내에 대립이 발생한 때나 구성원의 동기부여가 저하된 때에는 스위치 법을 사용하여 그들에게 변화의 계기를 주는 것이 중요하게 된다. 동기부여가 저하되는 경우를 예로 들어 4가지 스위치 법은 다음과 같다.

① 타임 스위치

시간의 축을 바꾸는 것으로 구성원의 변화를 촉구하는 방법이다. 어느 구성원이 바람직하지 않은 행동 A를 취하고 있을 때에는 시간 축 A가 그의 머리 안을 지배하고 있는 일이 많다. 만일 바람직한 행동 B를 이끌어 내고 싶은 경우에는 그의 머리를 지배하고 있는 시간 축을 A에서 B로 바꾸지 않으면 안 된다.

눈앞의 업적 목표 등 단기적인 시간 의식에 사로잡혀 있는 구성원과 성과가 오르지 않아 동기부여가 저하되고 있는 상황을 생각해 보자. 이 경우 리더는 구성원의 머리에 있는 시간축 을 단기에서 장기로 바꾼다. 이렇게 하는 것으로 마음에 여유가 생겨 단숨에 동기부여가 되살아나 극적으로 행동을 변화시키는 구성원이 많다. 반대로 구성원이 장래의 일에만 신경을 뺏겨 눈앞의 중요성이 보이지 않아 고민하고 있는 경우도 있다. 이 경우는 구성원의 시점을 장기에서 단기로 전환시켜 지금 이 순간 오늘 하루에 충실할 수 있는 방법을 제시해 준다.

우리들의 사고나 행동은 무의식적으로 가지고 있는 시간 축에 좌우된다. 우수한 리더는 구성원으로부터 바람직한 사고나 행동을 이끌어내기 위해 "단기 → 장기, 장기 → 단기" 라고 하는 타임스위치를 자유자재로 행할 수 있다.

② 줌 스위치

줌 스위치는 구성원의 시계(視界)를 바꿔 바람직한 행동을 이끌어내는 방법이다.

각각의 구성원이 대상의 전체를 보는가, 부분을 보는가하는 사물을 보는 거리감의 차이에 따라 사물을 보는 방법에 따라 자신에게 있어서의 의미는 크게 변화한다.

자신의 일에 의미를 찾아내지 못하고 동기부여를 떨어뜨리고 있는 구성원에게는 팀 전체라고 하는 넓은 시점으로부터 역할을 다시 바라보게 하거나 혹은 조직이나 사회라고 하는 더욱 넓고 높은 시점에서 일을 평가하게 한다. 시계를 "좁게 → 넓게, 낮게 → 높게"로 전환하는 방법이다. 그 결과 구성원의 동기부여에 극적인 변화가 생기는 경우가 있다.

반대로 사회나 업계라고 하는 넓고 높은 시계로부터 밖에 사물을 볼 수 없고, 자신의 눈앞의 업무로 향하는 에너지를 잃어버린 구성원에게는 직장이나 자기 자신의 일의 성과라고 하는 좁은 범위로 한정하여 행하지 않으면 안 된나.

이와 같이 "좁게 → 넓게, 넓게 → 좁게, 낮게 → 높게, 높게 → 낮게"로 전환하는 것에 의해 새로운 깨달음을 주어 동기부여를 향상시킬 수 있다. 이상의 타임 스위치와 줌 스위치는 구성원의 세계관을 바꾸는 방법이다. 머리 속에 있는 시간과 공간 = 시공 = 세계를 변화시키는 것으로 구성원의 극적인 변화를 끌어내는 방법론으로 받아들여 주었으면 한다.

③ 골 스위치

목적이나 목표로 되짚어 보게 하여 구성원이 지금 행하고 있는 것의 의미를 높이는 방법이다.

리더가 내걸고 있는 비전이나 전략과 구성원 개개인이 행하고 있는 활동 사이는 목적 – 수단 – 목적 – 수단의 연쇄로 이어지고 있다. 그러나 구성원은 자신의 활동에 쫓겼을 때 그 목표와 나아가 그 안에 있는 조직의 커다란 목표를 잊어버리기 쉽다. 그 결과 매너리즘을 느끼고 다른 사람의 활동과의 연계가 보이지 않게 되어 버려 동기부여가 저하되어 버린다.

자신의 업무의 본래적인 목표나 목적을 깨달았을 때, 안개가 걷히듯이 업무의 의욕을 되살리는 구성원은 많다. 한 예로 여행자에게서 '무엇을 하고 있는가?'라는 질문을 받은 교인이 '보면 모르나 돌을 쌓고 있다'고 답했다. 그러나 다른 교인은 '교회를 건축하고 있다'고 답하였다. 당연히 후자 쪽이 자신의 활동을 큰 목표와 관련시켜 의미를 부여하고 있으며, 동기부여도 높다. 사람은 커다란 목표와 이어져 있는 감각을 가지고 싶어 한다.

리더는 항상 조직 전체의 목표, 각 부서나 팀의 목표 그리고 개개인의 역할이나 업무 내용을 연계하여 말단의 업무까지 모든 것이 의미 있는 활동이라는 것을 계속하여 나타내는 것을 게을리 해서는 안 된다.

④ 롤 스위치

이는 구성원에게 다른 입장이나 역할을 경험시키는 것으로 지금까지와는 다른 시점을 획득시키는 방법이다.

조직 활동에는 역할 분담이 있다. 바꿔 말하면 조직은 여러 가지 역할을 담당하는 자들의 협동체이다. 그러나 역할의 분화·명확화가 이루어진 그 순간부터 반드시 역할간의 연계문제가 부상한다. 본사와 지사, 영업과 기획, 최고와 중간 등, 여러 가지 역할의 사이에 문제가 발생하여 조직 활동의 효율 저하나 동기부여 저하라고 하는 사태가 일어난다. 서로가 상대의 입장에 대해 이해하고 있지 못하기 때문에 발생하는 문제이다.

그러한 때에 롤 스위치 법은 커다란 위력을 발휘한다. 새로운 역할을 담당하게 하고, 다른 부서를 체험시켜서 혹은 고객의 입장에 서게 하여 제안을 하도록 한다. 나아가 리더의 입장에 서서 문제를 생각하게 한다. 이와 같이 구성원에게 새로운 역할을 부여하거나 다양한 입장에서 사물을 생각하게 하는 것은 구성원을 성장시키는 커다란 기회이다. 또한 구성원에게 있어서 역할을 바꿔 직무 이동하는 것은 지금까지와는 다른 시점에서 자기 자신의 업무를 돌이켜보는 절호의 기회가 되기도 한다.

롤 스위치 법은 구성원의 동기부여를 향상시킬 뿐만 아니라 조직의 활동 효율 바꿔 말하면 역할간의 연계상태를 극적으로 향상시킨다. 리더십이란 구성원에 대해 영향력을 발휘하는 것이다.

리더는 원칙 4에서 설명한 영향력의 원천을 사용하여 구성원을 성장 변화시켜 나가지 않으면 안 된다. 여기서 언급한 스위치 법은 모든 구성원의 납득이나 공감을 만들어 내기 위한 것이다. 우수한 리더는 "시간, 시계, 목표, 역할"을 바꿔 구성원

의 자발적인 변화를 촉진시켜 커다란 에너지를 끌어내는 천재
인 것이다.

원칙 6 　매니지먼트　management

4활동의 매니지먼트로 성과를 높인다

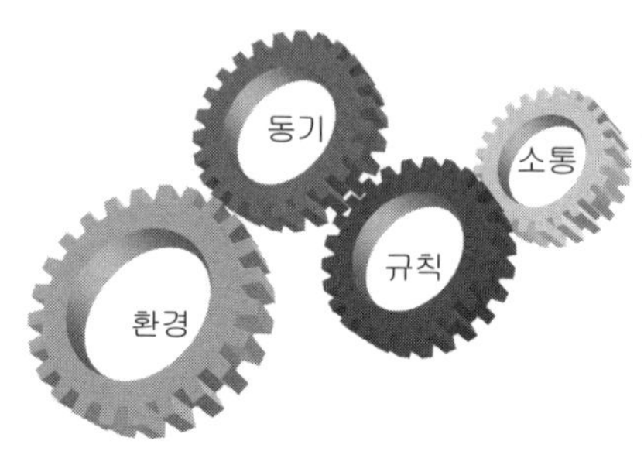

리더가 관리하는 활동영역

원칙 1~5에서는 리더에게 요구되어지는 기본적 자세나 행동에 대해 설명하였다. 그럼 조직의 성과를 최대화하기 위해 리더는 구체적으로 무엇을 어떻게 관리해야 하는가. 조직의 성과를 위한 환경, 동기부여, 규칙, 커뮤니케이션 4가지 활동에 대하여 알아보자.

① 「조직환경 매니지먼트」로 시장을 지배한다

리더가 매니지먼트 하는 조직의 환경은 외부환경과 내부조직이다. 외부 환경과 내부조직의 겹치는 부분의 역할을 담당하는 자를 리더라고 불러도 좋다.

그럼 리더십의 성과는 어디서부터 야기되는 것인가. 그것은 최종적으로는 외부 환경으로부터 만들어진다. 조직의 성과나 이익의 원천은 조직의 내부가 아닌 조직의 외부에 존재하기 때문이다. 외부환경과 상호작용이 양호한 경우 조직은 거기서부터 많은 자원을 획득할 수 있다. 그 결과 조직의 내부에 사용할 수 있는 자금이 넉넉해진다. 즉 외부환경을 잘 매니지먼트 할 수 있는가? 어떤가로 리더의 진가가 결정되는 것이다.

리더는 무한하게 넓어지는 외부환경 속에서 어느 환경에 초점을 두고 어떠한 가치를 창조해 가는가? 나아가 어떠한 상품이나 서비스를 어떠한 방법으로 외부에 파는가를 결정하지 않으면 안 된다. 그리고 조직을 번영시키기 위해 환경이나 시장을 지배하는 힘을 획득하지 않으면 안 된다.

환경 관리는 리더가 이끄는 조직의 성쇠를 결정하는 가장 중요한 주제이다.

② 「동기부여 매니지먼트」로 인재를 달아오르게 한다

조직의 구성요소는 인재이다. 리더는 조직의 목표달성을 위해 인재의 관리에 의해 구성원의 업무나 동기부여를 높이는 것이 불가결하다. 인재야말로 조직에 있어서 최대 최강의 자원이며, 인재자원의 질에 따라 성과의 수준이 결정되기 때문이다.

특히 동기부여 관리는 중요한 주제이다. 인재의 기술이나 지식도 조직력을 결정하는 중요한 요소이지만, 환경 변화에 따라 그 진화도 빠르다. 오히려 기술이나 지식을 높여 나가려고 하는 의욕, 조직의 공헌활동을 최대화 하고자 하는 의욕, 그와 같은 동기부여에 불을 붙이는 것이 중요하다.

동기부여 관리의 주된 주제는 조직의 입구와 출구의 관리로부터 시작된다. 입구 관리 즉 어떠한 인재를 어떠한 공감의 접점을 만들어 맞아들일까를 결정하는 것이며, 출구 관리 즉 동기부여 높은 조직 상태를 유지하기 위해 적당한 신진대사를 촉진시키는 것이다. 또한, 조직 내에서 활동하는 구성원의 동기부여를 최대한으로 높이기 위해 동기부여의 마케팅을 행하여 심리학에 기초를 둔 다양한 시책을 실천하는 것이다.

동기부여 관리에 성공하면 리더십은 상당히 편해진다. 동기부여 관리에 따라 리더십의 능란함과 서투름이 결정된다고도 할 수 있는 것이다.

③ 「규칙 매니지먼트」로 신뢰를 창조한다

조직은 복수의 인간에 의한 협동체이다. 그 활동성과를 높이기 위해서는 "일정한 규칙" 즉 규칙의 설정이 빠질 수 없다. 각자의 역할 분담을 정하는 역할 규칙이나 성과의 분배 방법을 정하는 보수 규칙 등이 이에 해당한다.

누가 어떤 역할을 담당하고 그 활동 목표를 어떻게 설정하는가. 어떠한 인재, 어떠한 활동이 높은 평가를 얻을 만 한가, 각각에 어느 정도의 보수를 제공하는가. 이들의 규칙 설정이 없으면 조직 활동은 혼란을 초래한다. 리더는 조직 활동을 통제하기 위해 적절한 규칙을 구축하고 그 운용에 임하지 않으면 안 된다.

또한, '리더가 어떠한 규칙을 어떻게 운용하는가' 하는 것은 리더의 의도를 구성원에게 보내는 것이다. 바꿔 말하면 규칙은 리더로부터 구성원에게 메시지를 전하는 미디어의 기능을 다하는 것이다. 특히 대규모의 조직에 있어서는 개개의 구성원은 리더와 직접 커뮤니케이션을 할 기회가 적고, 정해진 규칙 내용이나 그 운용 상황을 통하여 간접적으로 커뮤니케이션을 취하게 되기 때문이다.

규칙과 그 운용에 따라 조직의 생산성이 결정되기 때문에 리더는 규칙 매니지먼트의 효과를 높이기 위해 조직에게 신뢰 관계의 인프라를 구축하지 않으면 안 된다.

④「커뮤니케이션 매니지먼트」로 조직을 변화시킨다

조직을 살아 있는 것에 비유하면 조직에 있어서의 혈류는 커뮤니케이션이고 조직 내를 커뮤니케이션이 막힘없이 순환하는가? 어떤가? 로 조직의 활력이 정해진다. 때문에 우수한 리더는 조직 내의 커뮤니케이션의 매니지먼트에 극히 민감하다.

조직이라고 하는 것이 복수의 인간에 의한 협동체인 이상 적절한 콘텐츠가 적절한 미디어를 통하여 조직 내에서 유통하지 않으면 협동체로서의 활동 효율 저하나 개개인의 동기부여의 저하라고 하는 사태를 초래해 버리기 때문이다.

특히 리더가 조직을 변화시키고자 할 때 커뮤니케이션 매니지먼트의 중요성은 헤아릴 수 없을 정도로 크다. 변화시키고 싶은 방향으로 규칙의 내용을 바꾸고 인재의 동기부여를 높여도 중요한 커뮤니케이션의 내용이 변하지 않으면 그 변화 활동은 성과를 올리지 못하는 경우가 많다. 끊임없이 계속 변화하는 외부 환경의 정보를 조직 내로 받아들여, 조직 내에서 다양한 기능이나 계층 사이에 얼마나 막힘없이 계속하여 흘러가는가. 기능이나 계층 간에 신뢰라고 하는 이름의 인프라를 구축하기 위해서도 정보 유통 즉 커뮤니케이션의 활성화는 빠뜨릴 수 없다.

이상의 4가지 매니지먼트 활동은 서로 커다란 관련성을 갖고 있다. 환경이 격변하고 사업의 크기와 방향이 바뀌면 인재의 동기부여나 규칙 그리고 커뮤니케이션의 매니지먼트 본연의 모습도 그에 대응하여 바꾸지 않으면 안 된다. 또한 동기부여 매니지먼트의 방침에 따라 규칙 매니지먼트의 방향이나 커뮤니케이션 매니지먼트의 방법은 틀림없이 바뀔 것이다. 게다가 규칙 매니지먼트와 커뮤니케이션 매니지먼트는 강력한 상호보완 관계에 있다.

리더는 4가지의 매니지먼트 활동을 자동차 타이어라고 생각하여 같은 방향으로 핸들을 돌리는 것을 잊어서는 안 된다. 설령, 그 중의 하나 만을 강화해도, 다른 영역이 변하지 않으면 리더십의 성과가 크게 떨어져 버리기 때문이다.

2부
조직환경 매니지먼트

리더는

외부환경과 내부조직의 커뮤니케이터이다

조직 환경을 매니지먼트 한다

메시지 message

비즈니스는 커뮤니케이션 활동이다

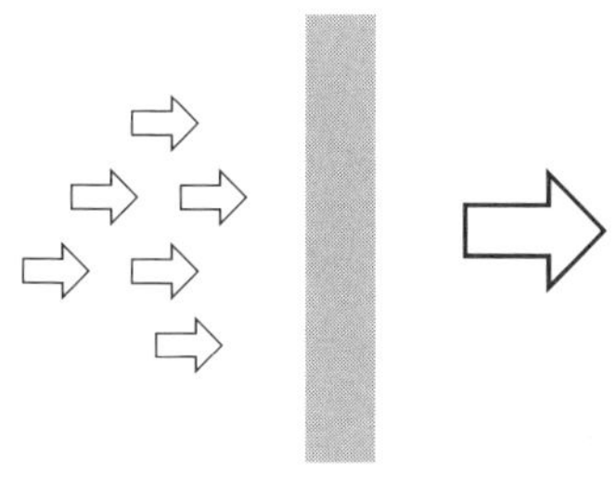

비즈니스는 메시지를 전달하는 것이다

리더가 힘을 기울여야 하는 매니지먼트 영역으로서 「환경」을 들고 있다. 여기서 말하는 환경이란 비즈니스 리더를 둘러싼 외부환경 즉 시장이나 고객 또는 경합하는 타사를 가리킨다.

비즈니스 환경은 리더십의 스타일을 결정하는 중요한 요소이다. 리더는 환경의 영향을 받음과 동시에 환경에 영향을 준다. 즉 환경과 리더십은 상호영향 관계에 있는 것이다. 우수한 리더는 이

원칙을 충분히 이해하고 있고 환경에 대해 확고한 원칙을 가지고 대하며 환경을 매니지먼트 하는 것에 뛰어나다. 이 장에서는 우수한 리더에게 공통되는 환경 매니지먼트의 원칙에 대하여 설명한다.

그 전에 비즈니스란 무엇인가에 대해 생각해 보자.

비즈니스는 여러 가지로 정의할 수 있을 것이다. 예를 들면 일정의 사회적 가치를 발휘하여 이익을 올리는 행위 사업을 통하여 사회에 공헌하는 행위, 라이벌 기업과 승패를 경합하는 게임 등으로 모두 올바르고 모두 설득력을 가진다. 그러나 여기서는 하나의 시점을 이야기하고 싶다. 비즈니스는 사회나 시장에 대한 커뮤니케이션 활동이라고 하는 시점이다.

우리들은 타인과의 관계를 키우면서 살아가는 사회적 동물이다. 이 사회에서 아무와도 관계를 가지지 않고 살아가는 것은 불가능하다. 화폐 경제 안에서 생활하고 있는 이상 자동판매기로 주스를 사는 행위조차 타인과의 관계라고 할 수 있다. 이와 같이 우리들은 사회적 관계 안에서 생활하고 있으며, 커뮤니케이션 활동은 타인과 관계 형성에 불가결한 것이다.

이 원리원칙에 서서 생각하면 우리들의 모든 행위는 커뮤니케이션이라고 하는 관점으로부터 설명할 수 있다. 리더십을 발휘하여 조직을 일정 방향으로 이끄는 행위 자체도 타인과의 영향 관계를 키우는 바로 그것이다. 그러한 점에서는 리더십도 파고들면 커뮤니케이션 행위이고, 비즈니스는 환경과의 사이에서 가치를 교환하는 것으로 생각하면 이것 또한 커뮤니케이션 활동으로 정의할 수 있는 것이다.

예를 들면 당신이 새로운 창작요리 레스토랑을 개업하였다고 하자 그 가게를 경영하는 것은 고객에 대해 "이러한 식재료를 이와 같은 조합으로 요리하는 것으로, 훌륭한 감동을 맛볼 수 있습니다. 지금까지의 고정관념을 타파하면 즐거운 식생활이 기다리고 있습니다!" 라고 하는 당신 나름의 메시지를 고객에게 전달하는 것이라고 바꿔 놓을 수 있다.

혹은 당신이 남국의 무인도에서 호텔을 개업한다고 하자. 그것은 "도시의 복잡함보다도 조용한 무인도에서 느긋한 여가를 보내 보지 않겠습니까? 그리고 당신에게 있어 중요한 인생의 시간을 더욱 충실하게 합시다." 라고 하는 메시지를 보내는 것이다.

또한, 기업용에서 IT전문가를 파견하는 비즈니스의 경우 "기업에서 전문가를 고용하지 않아도, IT분야에 관해서는 우리들에게 맡겨 주십시오. 능력 있는 저임금의 IT전문가를 기업경영에 활용해 주십시오!" 라고 고객에게 전달하고 있는 것이다.

레스토랑이든 호텔이든 IT전문가의 파견이든 매출이 늘어 회사가 번창하는 것은 리더의 메시지가 고객에게 전달되었다는 증거이다.

메시지는 고객의 공감을 쟁탈하는 것이다

인터넷 상점 라쿠텐시장을 설립한 미키타니 히로시씨는 "앞으로의 시대는 대부분의 상품을 인터넷으로 구매할 수 있습니다! 다양한 상품을 비교하고 검토할 수 있는 편리한 쇼핑을 즐기지 않겠습니까?" 라고 메시지를 보내 대성공을 거두었다. 그의 메시지는 가게를 차리는 쪽에도 영향을 미친다. "인터넷 상점에서 당신의 상품을 널리 소개합시다. 앞으로의 시대는 인터넷 상점에 출점하는 것으로 실제 점포를 가지는 것보다도 효율적인 경영이 가능해 집니다!" 라고 메시지를 보낸 것이다.

또한 유니크로 브랜드로 대성공한 FAST RETAILING의 야나이 타다시씨도 "프리즈나 데님, T셔츠 등의 기본 의류품은 싸고 고품질의 것을 시즌마다 새로 사서 바꿉시다!" 라고 하는 메시지를 보내 수억 명 규모의 공감자를 확보한 것이다.

반복하지만 비즈니스는 커뮤니케이션 활동이다. 이 시점을 가지면 여러 가지 것이 확실히 보이게 된다. 예를 들면 독립하여 창업하는 것은 세상에 대해 전달하고 싶은 메시지를 창업자가 창안하여 그 메시지를 전달하기 위한 스스로의 업을 일으키는 것으로 생각하면 좋을 것이다. 즉 사회나 시장에 대해 자신들이 전달하고 싶은 메시지를 발신하는 기지로서 회사라고 하는 그릇이 있고, 자신들의 메시지를 효과적으로 전달하는 미디어로서 상품이나 서비스가 존재하는 것이다. 그리고 창업 후는 독자의 메시지를 설득력 있는 표현으로 바꾸어 시장이나 고객과 마주한다.

메시지가 세상에 도달하여 순조롭게 매출이 확대 해 가는 것은 자신들이 발신한 메시지에 대해 고객으로부터의 지지가 증가하였다고 생각할 수 있다. 그러한 의미로는 세일즈에 있어서의 경쟁은 단순한 상품을 파는 행위가 아니라, 상품이나 그 상품에 담겨 있는 메시지의 전달이며, 자사의 메시지와 타사의 메시지의 설득 경쟁으로 고객의 공감을 쟁탈하는 것이다.

반대로 마케팅 리서치는 어떠한 메시지를 전달하면 시장이나 고객의 공감을 얻을 수 있는가를 명확히 하기 위해, 그들의 소리에 귀를 기울이는 행위라고 할 수 있다. 또한, 신상품의 개발은 새로운 메시지를 형태로 하는 활동이며, 광고 선전 활동은 자신들의 메시지에 주목을 모으기 위한 포교활동인 것이다. 한편, 고객으로부터의 클레임은 발신한 메시지와 고객이 받은 메시지와의 차이로부터 발생하는 커뮤니케이션 활동의 산물이라고 생각된다.

독자 중에는 이미 비즈니스 리더의 입장에서 사업을 추진하고 있는 사람도 적지 않을 것이다. 그러한 사람은 반드시 현재 자신이 행하고 있는 비즈니스는 도대체 고객에게 어떠한 메시지를 전달하고자 하는 활동인가, 고객에 대해 어떠한 커뮤니케이션을 도모하고자 하고 있는가를 다시 한번 생각해보았으면 한다.

물론 바로 확실한 답이 떠오르지 않을지도 모른다. 그러나 걱정하지 않아도 된다. 오히려 이것을 계기로 자신들의 독자적인 메시지를 찾는 것 그 자체에 커다란 의미가 있다. 그리고 생각

끝에 자신들이 발신해야 하는 메시지가 뚜렷하게 보여 지면 필시 영업 전략이나 상품 전략에 대해서도 지금까지와는 다른 방향성이 보일 것이 틀림없다.

꼭 이 시점에서 자신이 종사하고 있는 사업이나 이제부터 종사할 예정인 사업을 다시 파악 할 것을 권한다.

누구에게 무엇을 어떻게 전달하는가?

비즈니스는 커뮤니케이션 활동이라고 하는 것을 이해하였다면, 리더는 그 대전제로서 시장에 발신할 콘텐츠를 가지지 않으면 안 된다. 이익만을 쫓을 뿐 확고한 메시지가 없는 사업은 오래 가지 못한다. 게다가 메시지를 이해하기 어려운 사업은 공감자의 획득이 어렵다. 원칙 2의 비전과 같이 시장이나 고객에 대하여 알기 쉽고 매력적인 커뮤니케이션과 콘텐츠를 갖는 것이 중요하다.

커뮤니케이션의 콘텐츠를 갈고 닦아 시장의 전달 방법과 공감자의 획득 방법을 기획하고 실행하여야 한다.

그 첫걸음은

- 시장이나 고객의 이야기를 듣는 것
- 그리고 매력적으로 대화하는 것

◦메시지를 효과적으로 전달하는 미디어를 구축하는 것이 중요
하다.

커뮤니케이션 행위로서 다음의 3가지 질문에 대한 답이 비즈
니스 프레임이며 사업전략이다.

◦누구에게 전달하는가?

◦무엇을 전달하는가?

◦어떻게 전달하는가?

선택과 집중

다양한 수요의 대처능력이 필요하다.

「다양화」에 휘둘려서는 안 된다

종종 듣는 비즈니스 리더의 발언에 다음과 같은 말이 있다. "최근은 시장이 성숙하고 있으며 고객의 수요가 다양화되고 있다. 우리 회사도 이 다양화 시대에 대응하지 않으면 안 된다. 여러 가지 수요에 응할 수 있는 체제 만들기를 서둘러라" 라고 말한다. 결론부터 말하면 그렇게 하면 회사는 도산한다.

확실히 고객이 안고 있는 고민이나 요구는 실로 다양하다. 특히 계속 성장하는 성장기와는 달리 성숙기에 돌입하면 법인의 경영도 다양화 방향으로 진행되고 일반 소비자의 가치관도 다양화된다. 위와 같은 발언을 하는 리더가 이 다양화의 흐름에 대응하는 것이 유일하게 살아남을 수 있는 전략이라고 오해하는 것도 무리가 아니다.

하지만 비즈니스 환경을 마주하는데 있어서 리더가 가장 해서는 안 되는 것은 다양한 수요에 응하는 것이다. 리더는 고객의 다양한 소리에 끌려가서는 안 된다. 왜냐하면 어떤 조직도 일정의 내부 자원밖에 가지고 있지 않기 때문이다. 고객의 다양한 수요에 응하는 것은 처음부터 무리한 이야기이다. 그러므로 시장의 다양한 수요에 모두 대응하면 이익의 상실과 조직의 피폐라고 하는 결과를 초래한다.

리더가 행해야 하는 것은 모든 고객의 다양한 수요에 대응하는 것이 아닌, 필요한 수요를 선택하는 것과 다양한 수요를 통합하여 하나로 묶는 것이다.

자신이 가진 자원을 선택하여 그것에 집중하는 것이다.

- 수요를 선택하기 위해 '나누는 것'
- 수요를 통합하여 '한데 묶는 것'

「나누고 버리는 것」이 리더의 역할이다.

먼저 「나눈다」를 알아보자. 비즈니스는 커뮤니케이션 활동이다. 그렇게 하면 리더가 보내는 메시지의 내용은 "

● 당신은 이러한 문제들 때문에 곤란을 겪고 있지 않습니까? 우리가 ○○방법으로 그것을 해결하겠습니다. 혹은 '당신은 이러한 것을 실현하고자 생각하고 있지 않습니까? 우리들은 △△방법으로 그 실현을 돕겠습니다! 중에서 어느 하나가 된다. 반대로

● 당신도 여러 가지 문제를 안고 있다고 생각합니다만, 우리들은 무엇이든 해결합니다.' 또는 '우리들은 당신의 어떠한 희망도 이루어 드립니다.' 라는 메시지는 고객의 귀에 도달하지 않는다. 고객이 메시지를 들었을 때 '앗! 이 말은 자신에 대해서만 말하고 있구나!' 라고 느낄 정도의 날카로운 메시지가 아니면 효과는 기대할 수 없다.

즉 리더는 고객의 어떠한 문제에 응하고 어떠한 문제에는 응하지 않을 것인가, 어떠한 희망을 이루어주고 어떠한 희망에는 귀를 기울이지 않을 것인가를 결정하지 않으면 안 된다. 그만 둘 것, 하지 않을 것 등 잘라 버릴 것을 정하는 것이 리더의 역할인 것이다.

고객의 수요에 세밀하게 대응하는 것은 현장에 맡겨두면 된다. 현장에는 현장의 중력이 작용하여 놔두어도 마음대로 눈앞의 고

객의 수요의 다양화에 응하려고 하는 것이다. 리더의 역할은 그 중력에 굴하지 않고 수요를 나누어 그 안에서 대응할 것을 선택하고, 그 외를 버리는 것이다.

인재 채용의 아웃소싱 사업에서 급성장을 계속하는 일본의 와이큐브의 야스다 사장은 대기업을 사업대상에서 제외하고, 나아가 중소기업에서도 사장 이외는 고객으로 하지 않는다고 하는 방침을 관철하고 있다. 영업 활동도 자신들이 고객에게 찾아가는 것도 포기하였다. 그 대신에 고객이 오고 싶어하는 오피스(호텔 수준의 응접실, 와인바 설치)에 자원을 투하하여 사업 확대에 성공하고 있다.

실로 리더의 결단이란 정하는 것과 잘라 버리는 것이라고 할 수 있다. 무언가를 선택하는 것은 무언가를 버리는 것과 동시에 성립하는 것이다. 다양한 고객의 수요를 나눈다 선택한다(버린다)라는 것은 리더가 환경과 마주할 때 가장 주의를 기울여 파고들지 않으면 안 되는 것이 이러한 점이다.

다양한 수요를 하나의 주제로 묶는다

다음으로 「묶는다」 를 알아보자

비즈니스에 있어서 궁극의 성공 법칙은 단일상품의 대량판매이다. 같은 것을 대량으로 만들어 파는 것이 일단 성공하면 선순환이 되기 시작한다. 대량으로 팔릴 예측이 서면 그 하나를 만드는 비용을 대폭으로 삭감할 수 있기 때문이다.

반대로 다양한 고객을 위해 각기 다른 상품을 제공해서는 이익이 되지 않는다. 다양한 고객의 다양한 수요에 응하기 위해서는 항상 다량의 재고품이나 다양한 기술을 조직 내부에서 가지고 있지 않으면 안 되기 때문이다.

물론 오늘날 단일상품을 대량으로 판매 할 간단하고 쉬운 환경은 없다. 그렇다고 해서 단 한 사람의 고객을 위해 하나의 상품을 만들어 파는 것은 불가능하다. 현실은 이 중간에 있고 거기에 리더의 실력을 발휘할 장소가 있다. 다양한 수요를 잘 관찰하여 하나의 컨셉concept으로 묶는 것이다. 내가 대표로 있는 링크앤모티베이션 Link&motivation 회사가 이 컨셉으로 성공한 예이다.

이제까지의 조직 및 인사관리 컨설팅 업계는 고객 수요를 다양화 하였다. 인재채용, 인재육성, 인사제도, 조직풍토, 직장환경 등의 수요로 다양화하였다. 이 다양화에 따라 솔루션을 제공하는 플레이어도 각각의 전문화로 분화가 진행되고 있다. 그러나 나는 이것들을 하나의 컨셉으로 '동기부여'라고 하는 주제로 한데 묶은 것이다. 기업 경영자에게 있어서 인재채용, 인재육성, 인사제도, 조직풍토, 직장환경 등은 모두 그 안에 사원의 동기부여를 높여 업적을 향상시키고 싶다고 하는 공통의 문제 의식이 있다고 판단하였기 때문이다.

"당사는 인재 채용이든 인재 육성이든 인사 제도이든 무엇이든 서포트 합니다"라고 하는 메시지로는 고객에게 눈에 띄지 않는다. 각각의 수요를 통합화 한 "동기부여 기술로 기업을 활성화시킵시다" 라고 하는 외침이 성과를 가져오는 것이다.

동기부여 향상에 의한 기업의 활성화라고 하는 주제에 관심을 가지지 않는 기업은 고객 대상에서 제외한다. 또 동기부여에 관련된 기술이나 상품을 집중적으로 갈고 닦고, 그 나머지 것은 잘라 버렸다. 그 결과 지금까지는 "동기부여 진단, 동기부여 매니지먼트 연수, 사원의 동기부여를 높이는 이벤트" 등의 상품 서비스가 많은 고객에게 제공하여, 효율적인 사업 운영으로 높은 이익률이 실현되고 있다.

이상과 같이 환경에 대한 리더의 역할은 고객의 수요를 나누고 선택하는 것이며 혹은 다양화한 고객의 수요를 '하나로 묶는'것이다. 그럼 어느 쪽의 대응이 보다 유효한 것일까 하는 것은 환경에 따라 다르다.

어떠한 업계에서도 그 진화 과정은 공통된다. 최초는 종합화를 표방하는 플레이어가 출현하고 그 후 점점 다양화해 간다. 경영 컨설팅 업계도 종합으로부터 전략전문, IT전문, 재무전문, 인사전문으로 분화가 진행되었다. 외식업계도 종합 식당에서 우동전문, 스시전문, 카레전문 등으로 세분화 되고있다. 그러나 세분화가 지나치게 진행되면 시대의 감각에 맞지 않게 되어, 새로운 컨셉에 근거한 종합화시대가 찾아온다.

당신이 리더로서 환경에 접하는 방법을 찾고 있다면, 자신의 활동 영역에서는 어느 정도의 전문화가 진행되고 있는가를 확인하지 않으면 안 된다. 아직 전문 분화 도중이라면 나누고 버린다. 서서히 새로운 종합화가 요구되고 있다면 하나로 묶는다라고 하는 대응이 요구된다.

리더는 고객에게 다양한 수요에 대응해서는 안 된다. 스스로의 메시지를 눈에 띄게 하기 위해서도 고객이 자사에 없는 것을 만들어 내라고 조르는 것에 응해서는 안 된다.

나누고 버릴 것인가 하나로 묶을 것인가, 이러한 환경을 관리하는 기술에서 리더십의 진가가 요구되는 것이다.

원칙 9

온리원 Only One

온리원 포지션을 추구한다

이익이란 고객으로부터 주어진 자유이다.

리더는 고객의 다양한 수요에 대응해서는 안 된다. 다양화하는 고객 수요를 나눌 것인가, 하나로 묶을 것인가 중에서 하나를 선택하는 것이다. 시장이나 고객의 다양한 수요 전부에 응하려고 하면, 이익의 상실과 조직의 피폐라고 하는 사태를 초래하게 될 뿐이다.

그러나 한편으로 이익이라고 하는 숫자에 얽매여지는 것도 피해야 한다. 리더가 추구하는 것은 숫자로서의 이익이 아니라, 이익으로 이어지는 구체적인 가치의 창출 활동이어야 하기 때문이다. 그리고 그 활동의 품질이 최종적으로 이익이라고 하는 숫자가 되어 돌아온다고 생각해야 한다.

원칙 7에서 비즈니스란 시장과 고객에 대한 커뮤니케이션 활동이며 기업 조직에 있어서 매출은 자신들이 발신한 메시지에 대한 시장이나 고객의 지지나 공감의 총량이라고 하는 관점을 소개하였다. 그럼 이익이란 무엇일까?

그것은 시장이나 고객으로부터 주어지는 자유의 총량이다. 이익이 생긴다고 하는 것은 시장이나 고객으로부터 지지나 공감을 얻는 것에 멈추지 않고, 다음에 새로운 활동을 일으키기 위한 상응하는 자유가 주어지는 것이다. 그러므로 리더는 이익을 내는 것에 의욕적이지 않으면 안 된다.

그럼 도대체 이익이란 어디로부터 오는 것인가? 당연히 이익은 조직의 내부에는 존재하지 않는다. 내부에 있는 것은 비용만으로 생산 설비도 정보 시스템도 인재도 기술도 이익을 만들어 내는 근원이긴 하지만 모두 그것을 위한 수단이며 비용이라는 것에 변함이 없다. 이익은 조직의 외측인 외부 환경에만 존재하여 시장이나 고객으로부터 주어지는 것이다. 그렇기 때문에 자신들이 시장이나 고객에게 발신하는 메시지의 질과 그 메시지를 전달하는 방법이 이익을 좌우하는 것이다.

이익을 만들어 내는 방법론을 모색하기 위해 먼저, 최고 이익이 발생하는 궁극의 상태를 생각해 보자. 말할 필요도 없이 그것은 저비용으로 만든 것을 높은 가격으로 대량 판매하는 것이다. 게다가 고객이 그 상품을 사지 않을 수 없는 상태일 때이다.

그러나 과연 그러한 기업과 시장이 있을까? 라고 한다면 그것은 기업이 시장에 제공하는 것이 유일한 것이고, 그 메시지에 대량의 공감자(=수요자)가 발생할 때이다. 그런 경우에 고객은 선택의 여지가 없어 그 상품을 사는 것 밖에 방법이 없는 것이다.

즉 리더는 저비용·고가격·대량판매 등을 실현하기 위해 시장에서 오직 나만이 할 수 있는 온리원의 준비하고 추구한다. 바꿔 말하면 오직 하나뿐인 메시지를 보내야하는 것이다.

온리원을 확립하는 5가지 접근방법

오직 하나뿐임의 메시지가 지지나 공감을 불러 일으켜 큰 수요를 만들어 낸다면 설령 저비용·고가격·대량판매가 바로 실현되지 않아도 큰 이익을 만들어 내는 것은 틀림없다. 유일한 존재라면 환경에 지배되어 가격경쟁에 휩쓸리는 일도 없다. 조직에 있어서 무의미한 소모전을 피하기 위해서도 유일한 것을 크게 의식하여서 비즈니스 환경에 대응하는 것이 리더에게 있어서 가장 현명한 선택인 것이다.

모두가 온리원을 어떻게 확립하는가를 고민한다. 그것은 ①누구에게 ②무엇을 ③언제 ④어디서 ⑤어떻게 제공하는가의 5가지 준비사항이다.

① 「누구에게」는 고객을 누구로 할 것인가를 설정하는 방법이다. 이것은 기존 업계에 있어서 고객의 부풀려진 주머니를 노리는 방법과 고객을 새로운 컨셉으로 묶는 방법이 있다. 전자는 현재 상황에서는 자신에 딱 맞는 상품이 없다는 잠재적인 불만을 가지고 있는 고객층을 발견해 내는 것이며, 이 잠재적 고객을 찾는 데에는 통상가격대의 상하 극에 초점을 두는 방법과 일부의 마니아mania를 대상으로 목표를 극단적으로 좁히는 방법이 유효하다. 후자는 어떠한 층의 고객그룹에게 ○○로 고민하는 사람, △△를 하고 싶은 사람이라고 하는 새로운 컨셉을 제시하는 것으로 잠재적인 수요를 불러일으키는 방법이다.

② 「무엇을」은 상품 자체가 온리원을 추구하는 방법이다. 다른 곳에서는 결코 살 수 없는 상품, 다른 경쟁상품에는 없는 기능을 갖춘 독자적인 상품을 만들어 내는 것이다. ①의 목표 고객 설정과 관련지어 신기한 상품, 주문으로 만들어진 상품, 특정 기능을 가진 상품 등을 원하는 고객은 반드시 존재한다. 비즈니스는 커뮤니케이션 활동이기에 목표한 고객에게 무엇을 전달하는지를 상품을 보면 알 수 있게 특징이 필요하다.

③ 「언제」'는 시간 관리로 온리원을 추구하는 방법이다. 여기에는 영업시간을 연장하여 고객의 편리성을 높이거나 또는 상품 제공의 속도라고 하는 측면에서 오직 온리원을 확보하는 방법이다. 앞으로 국경의 경계가 무너지는 시대에 더욱 요구될 것으로 예상한다. 고객의 관점에서 시간을 분석하고 관리하면, 독자성을 명확히 내세울 수 없는 상품을 가진 기업은 온리원을 확보할 수 있다.

④「어디서」는 장소 측면에서 온리원을 추구하는 방법이다. 상품을 구입할 수 있는 지역이나 장소에서 경쟁상대와 차별화가 가능한 여지는 없는가. 경쟁상대가 모르는 장소에서 잠재적 고객을 찾는 것도 온리원을 학보하는 방법이다.

⑤「어떻게」는 서비스 방법을 명확히 내세워 온리원을 확보하는 방법이다. 여기에는 다양한 차별화를 생각할 수 있다. 고객서비스와 컨설팅능력 등의 고객에 대한 차별화, 반품가능, 무상수리, 보증기간 등 상품에 대한 차별화 양쪽을 생각할 수 있다. ①이나 ②의 고객을 목적으로 한 상품에 유일성이 없는 경우에도 ⑤의 부분에서 대책은 있을 것이다. 인재의 채용이나 교육연수의 투자가 조건이 되지만, 같은 상품을 같은 장소에서 같은 시간에 다루고 있어도 고객관리의 차이로 업적이 큰 차이가 발생한다.

이와 같이 5가지 관점으로 나누어 생각하면 온리원을 확보할 가능성은 한없이 크다. 리더는 항상 자신들의 존재의 희소성을 높이는 노력을 해야 한다. 환경에 대해 얼마나 자신들이 독자적인 존재인지를 계속하여 알려야 할 것이다. 그리고 경합하는 타사의 추격에 의해 희소성이 바래졌을 때에는 즉시 새로운 오직 하나뿐인 위치를 찾아야 한다. 그러기 위해 지금의 위치로부터 도망치는 것을 꺼리지 않아야 한다.

다이아몬드가 어느 시대라도 고가로 거래되는 것은 희소성이라고 하는 부가가치가 있기 때문이다. 희소성이 있고 또한, 사람들이 갖고 싶어 하는 것은 틀림없이 높은 이익을 만들어 낸다.

리더십에 따라 자신의 존재를 다이아몬드로 바꾸는 것이 가능한 것이다. 자신이라고 하는 원석을 어떻게 연마하여 고가의 다이아몬드로 만들어 내는가. 그리고 그것을 얼마나 매력적으로 시장이나 고객에게 제시하는가. 오직 하나뿐임을 추구하는 능력과 비즈니스 환경에 알리는 능력은 우수한 리더의 조건인 것이다.

리더십 스타일

조직 환경에 따른 리더십을 발휘한다

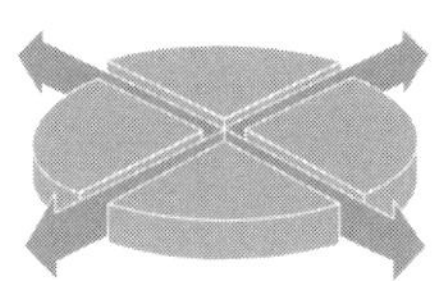

비즈니스 환경에 따른 리더십을 발휘한다.

시작하면서 말했듯이 올바른 리더십이란 질문에 대한 정답은 없다. 리더십은 내부환경인 구성원과 외부환경인 시장이나 고객과의 상호작용이기 때문이다.

이 관점에서 리더십만을 잘라내어 어떠한 리더십이 올바른가 하는 질문은 처음부터 성립하지 않는다. 즉 리더는 한 가지 형태의 리더십이 아니라, 환경과의 사이에서 적절한 리더십을 발휘하도록 노력해야 하는 것이다. 리더십 스타일을 정하는 요인으로서 조직구성원의 특성과 비즈니스 환경의 특성이 중요하게 작용한다. 여기서는 시장환경을 단순화하여 농경형과 수렵형으로 나누어 각각의 환경에 적합한 리더십 스타일을 설명하고자 한다.

〈 농경형 시장환경 〉

이 환경의 특성은 변화가 비교적 느긋한 시장 환경이다. 규제나 기술의 벽이 높고 신규진입이 비교적 어렵다. 상품의 주기는 어느 정도 길고, 연구개발이나 영업능력보다도 생산이나 판매가 성공 요인이 된다. 주된 요소는 개선, 개량, 열심이다.

성실하게 경작하면 열매 맺은 토지(수익원)가 눈앞에 펼쳐져 있는 상태이다. 무엇을 할까는 이미 명확하므로 어떻게 할까, 얼마만큼 할까가 경쟁 우위를 정하는 환경이라고 할 수 있다. 거품경제 붕괴 전 경제성장기의 기업이나 금융, 상사 등 많은 업계가 이와 같은 시장 환경이었다.

〈 수렵형 시장환경 〉

이 환경은 앞날이 불투명하고 변화가 심한 시장 환경이다. 신규 진입이 격심하고 상품 주기도 짧기 때문에 이 환경에서 승부를 내기 위해서는 독자성 있는 상품이나 기술을 계속적으로 개발할 필요가 있다. 성공요인은 연구개발이나 영업력이다. 주요소는 기획과 창조에 따른 보다 큰 대가이다.

항상 새로운 사냥감(수익원)을 찾아 임기응변으로 움직이지 않으면 안 되는 상태이다. 얼마만큼 할까, 어떻게 할까가 아니라 처음부터 무엇을 할까가 성패를 쥔다. IT업계나 게임이나 영화 등의 엔터테인먼트 업계가 전형적인 예이다. 요구되는 리더십의 스타일은 시장 환경의 특성에 따라 크게 달라진다.

농경형 시장에 수렵형 리더십은 일정의 농지를 획득한 후의 경작 행위가 불충분하게 되어 이익을 회수 할 수 없게 된다. 반대로 수렵형 시장에 농경형 리더십은, 눈감으면 코 베어갈 속도를 따라갈 수 없다.

리더는 자신이 대치하고 있는 환경의 특성을 충분히 인식하여, 그 변화를 읽고 필요에 따라 리더십의 스타일을 바꾸지 않으면 안 된다.

어떤 리더십 스타일이 요구되고 있는가?

농경형의 시장에 있어서 조직이 환경에 적응해가고자 한다면 종래의 방법을 견실히 개선·개량 할 것이다. 이 시장에서 리더에게 요구되는 자질은 농경 집단의 가부장과 같이 집단을 조화시키기 위해 인간관계를 유지하는 능력과 위험을 회피하는 의사결정력이다.

농경형 리더는 수직의 계층 분화가 진행된 피라미드형 조직의 정점에 서서, 리더를 중심으로 한 소수 간부 사이에서의 의견일치나 사전공작을 중요시한다. 구성원에게는 개성의 발휘나 창의

성보다도 집단의 규범이나 일체감을 요구한다.

또한 업무의 표준화 획일화를 진행하여 누가 담당해도 일정 성과가 나오도록 직무를 설계하는 것이 중요하다. 근면함과 노동 시간에 비례하여 성과를 배분하고, 연령이나 경험도 고려하여 조직 내에 과도한 경쟁원리를 가져오지 않도록 배려해야 한다.

농경형의 시장 환경에서는 리더와 일부 간부에 의한 중앙 집권형 조직이 바람직하다. 1부에서 언급한 5가지 영향력의 원천을 적용하면 농경형 리더는 전문성보다도 인간성 보답성으로 사람을 움직인다. 그리고 집단 전체로서 규율과 조화를 가장 중요한 가치 축으로 하고, 집단의 동질성을 유지하기 위해 이단자를 배제하여 위험을 경감시키는 것이다.

한편, 수렵형의 시장에 있어서 조직이 환경에 적응하기 위해서는 새로운 발상이나 기술로 상품을 계속하여 만들어 내는 것이다. 리더에게는 수렵군단의 수령과 같이 전략성이나 창조성 그리고 빠른 의사결정력과 위험감수의 사고가 요구된다. 전략, 속도, 용기가 없으면 반대로 사냥감으로부터 공격을 받아 생명을 잃는 처지가 되기 때문이디.

수렵형 리더는 전문화가 진행된 조직 사이클의 중심에 존재하고 조직의 의사결정시에 절대적인 권한을 가진다. 구성원에게는 조직의 충성심보다도 혁신과 창조, 성과의 발휘를 강하게 요구한다.

각 분야에서의 전문가를 중용하고 연령이나 성별에 관계없이 개개인의 공헌과 성과에 대응한 즉시 청산적인 분배를 실행시키는 것이다. 조직 내에는 강한 경쟁원리를 도입하여 결과의 평등보다도 기회의 평등을 중시하고, 구성원에게도 프로로서 위험감수를 요구한다.

수렵형 시장환경은 소집단 다기능형 조직이 바람직하다. 수렵형 리더는 인간성보다도 전문성으로 사람을 움직인다. 집단 전체로서 기능·스피드가 중시되어, 성과가 부족한 자는 배제된다. 조직의 의사결정에서는 보다도 합리적 판단을 우선시 하는 것이다.

이상과 같이 시장 환경의 특성은 리더십의 스타일을 결정한다.

비즈니스 환경을 거스르면 조직이 쇠퇴한다

일본에서는 거품경제 붕괴 후 많은 업계가 수렵형 리더십을 필요로 하는 상황에 빠졌다. 그 배경에는 규제 완화나 국제 경쟁의 격화와 디플레션 경제가 있다.

이제까지 지켜져 온 농지가 외자계기업이나 신흥벤처기업에게 잠식되고, 새로운 수입원을 찾아 많은 기업이 수렵 생활로 돌입하였다고 설명하면 이해하기 쉬울 것이다. 그리고 프로페셔널리즘, 리더의 조기 선발, 사원의 전문화와 자립, 전력의 중도 채용, 성과주의와 즉시 청산형 보수, 협력, 협업, 전략 사고, 논리적 사고 등이 키워드로서 주목을 받게 되었다.

그러나 어느 시대든지 환경 변화는 일정 사이클로 순환한다. 불량채권처리의 진행, 경제의 회복, 수렵으로 발견한 새로운 수익원을 안정적으로 경작할 필요성 등을 배경으로 하여 특정 업계나 기업에게는 농경형 리더십을 대망하는 곳도 나온다. 그렇게 되면 다시 집단의 일체감, 조직의 질서, 초대졸 채용의 중시, 근속사원주의, 매니저, 협동 등이 키워드로서 부활할 가능성도 부정할 수 없다.

어쨌든 리더에게 있어 중요한 것은 환경에 적합한 리더십 스타일을 발휘하는 것이다. 그렇지 않으면 자신이 마주하고 있는 환경이 농경형 시장 환경인지 수렵형 시장 환경인지 혹은 복합형이라면 어떤 부분이 농경형이고 어떠한 부분이 수렵형인지, 어느 정도의 복합적인지 또한 그 환경에는 변화의 징조가 있는지 등을 밝혀내야 할 것이다. 그리고 상황에 따라 지지하는 발을 오른쪽 왼쪽으로 옮기면서 환경과 결합한 지시를 하지 않으면 안 된다. 왜냐하면 시장 환경을 거스른 리더십은 조직을 쇠퇴시켜 버리기 때문이다.

조직에 있어서 가장 고민되는 문제는 환경 변화의 대응에 시간이 걸리는 것이다. 종종 눈에 띄는 것은 시장 환경은 훨씬 전부터 수렵형으로 변화하고 있는데, 과거로부터의 습관으로 변함없이 농경형 리더를 선발해 버린다고 하는 함정에 빠져버리는 것이다.

1990년 일본의 거품경제 붕괴, 그리고 1996년의 금융위기 전

후에는 리더십의 변화에 늦어 최악의 결과를 초래해 버린 사례도
많다. 조직이 가장 피하지 않으면 안 되는 것은 환경변화를 읽지
못하고, 환경과 결합하지 않는 리더십이 조직을 이끌어가 버리는
것이다.

원칙 11 시프트 체인지 shift change

조직의 동기부여 부전증을 극복한다

성장 단계에서 발생하는 문제

기업조직은 곤충이 '알 → 유충 → 번데기 → 성충'의 단계를 거쳐 성장하는 것과 같이 기업과 조직도 예외 없이 일정한 성장단계와 성장 통을 겪는다. 여기서는 비즈니스 환경과 상호작용에 의해 변화하는 사업의 성장기에서 발생하는 문제를 알아보자.

〈 초창기 〉

새로운 사업을 궤도에 올리기 위해 시행착오를 반복하는 단계이다. 리더가 사업의 싹을 발견하여 인재를 모아 사업을 하면서 자신들의 메시지를 시장에 발신하면서 일정의 성공 모형을 모색하는 시기이다.

〈확대기〉

일종의 성공 패턴이 확립되어 시장이나 고객에게 메시지가 수용되고 고객 수가 증가하면 확대기에 돌입한다. 수요가 급증하고 활동 영역의 확대에 따라 인원이 증가하고 조직 규모가 비대화한다.

〈다각기〉

초창기부터 성장 확대를 지지한 상품이나 서비스에 더하여 고객 만족 향상과 안정 성장을 위해 제2, 제3의 사업으로 복선화를 도모하는 시기이다. 기존의 사업도 시장의 확대에 따라 경합하는 타사와 차별화의 필요성이 늘어난다.

〈재생기〉

시장의 성숙을 받아 새로운 가치의 창출을 모색하는 단계이다. 자신들의 메시지를 다시 한 번 갈고 닦아, 기존 사업이나 비대화한 불필요 부문을 없애면서 새로운 사업에 대한 본연의 자세를 찾으면서 재생을 지향한다.

성장 단계에서 발생하는 증상

사업은 이와 같은 과정을 거쳐 발전하는 것이지만 기업 조직은 하나의 단계에서 다음 단계로 이행하는 과정에서 조직으로서의 사업효율과 개개인의 동기부여의 양면에서 문제를 가진다. 모든 것을 한 번에 바꾸려다 실패하여 꿈이 무너지는 기업도 많다. 기업의 단계적 변화는 실로 리더십의 진가가 요구되는 과정이다.

그럼 각 단계의 이행과정에서 어떠한 문제점이 발생하는가를 동기부여 문제점을 중심으로 살펴보자.

● 초창기에서 확대기의 증상

확대기에서는 사업의 증가와 인원의 확대와 함께 리더는 전원에 대한 성장에 따른 커뮤니케이션을 할 수 없게 된다. 조직 내에서는 고객이나 거래처에 대한 감사의 정도가 초창기와 비교하여 희미해 졌다, 이전에는 생각하지 못했던 실수나 문제가 많이 발생하고 있다는 소리가 여기저기서 나온다. 이 시기의 전형적인 동기부여 증세 사례는 다음과 같다.

〈업무과다 피폐증〉

업무의 확대와 함께 현장을 지지하는 인재가 만성적으로 부족하다. 업무의 표준화가 진행되고 있지 않은 이 단계에서는 특정 구성원에게 업무가 집중되거나, 장기간 노동이 계속되는 경우 이 같은 원인으로 피로감이 만연하여 동기부여를 저하시킨다.

〈매니지먼트 부전증〉

리더를 포함한 전원이 플레이어라고 하는 상황일 때에 조직이 기능부전을 일으킨다. 역할 분담의 불명확함으로 인하여, 인재 육성을 하지 않은 것이 원인으로 생산성이 오르지 않고, 업무의 혼란에 의해 많은 구성원이 스트레스를 받아 동기부여를 저하시킨다.

〈구성원의 대립증〉

초창기부터 현재까지 오랫동안 근무한 기존 구성원과 새롭게 입사한 구성원과의 사이에서 업무의 진행방법이나 판단기준 등에 대하여 대립이 발생한다. 예전의 기업문화 유지파와 혁신파로 나뉘어 전체적으로 가치관이 흔들리고 그 불안감으로부터 동기부여 저하에 빠진다.

이러한 확대기로의 이행에 있어서는 업무의 표준화, 현장으로 권한 이양, 중간관리자의 양성이 포인트가 된다. 리더십의 스타일로서는 수렵형에서 농경형으로의 전환이 성공의 열쇠이다.

● 확대기에서 다각기로의 증상

다각기의 조직은 한층 기능과 계층의 분화가 필요하고 전문화를 요구하게 된다. 그에 비례하여 구성원은 회사 내에서 위치와 업무를 처리하는 열정은 줄어들고 업무의욕은 옅어진다. 초창기나 확대기와 같은 조직 구성원의 열정적인 태도와 책임을 볼 수 없다,

각각의 구성원이 업무를 분담하여 자유롭게 권한을 행사하여 의욕을 고취하고 싶으나, 회사규칙과 재량권이 구분되지 않아 혼란스런 상태가 지속되는 시기이다. 이 시기의 전형적인 증상은 다음과 같다.

〈조직규칙 경직증〉

초창기나 확대기에 도입한 규칙이 사업의 다각화에 대응하지 못하고 경직화하여 답답함을 느끼는 구성원이 동기부여를 저하시킨다.

〈기존사업 피폐증〉

리더의 관심이 신규 사업에만 집중하면 이익을 내고 있는 기존 사업에 있는 구성원에게 허탈감이나 피폐감에 의한 동기부여 저하가 일어난다.

〈동질성 상실증〉

조직의 각 부분에서 커뮤니케이션이 분산되어 개인의 조직 전체에 대한 효력이나 참여가 옅어진다. 리더가 내건 비전과 자신의 눈앞의 업무 사이에 거리를 느끼기 시작하는 구성원이 증가한다.

다각기로의 이행에 있어서는 리더는 내부에 대한 커뮤니케이션에 충분한 비용을 지불하지 않으면 안 된다. 확대기에 내건 비전을 다각화에 대응할 수 있는 포괄적인 것으로 다시 그릴 필요도 높아진다. 새로운 비전을 침투시키는 한편으로 지금까지의 구 사업과 새로운 사업의 사이를 잇는 주제를 제시해야한다.

리더십의 스타일은 구사업에는 농경형으로 신사업에는 수렵형으로 능숙하게 구분하여 행사하여야 한다.

● 다각기에서 재생기로의 증상

재생기에는 시장의 성숙화나 상품의 가치 감소와 함께 사업과 조직의 양면에서 새로운 차원의 인식전환이 요구된다. 그러나 조직은 회사에 대해 위기의식을 가지는 구성원도 극히 일부 있으나 대부분은 무사안일주의이다. 어차피 무엇을 해도 변하지 않는다고 하는 체념이 감돌고 있다고 하는 상태에 있다. 이 시기의 전형적인 증세는 다음과 같다.

〈분열주의 횡행증〉

고객만족 실현을 향한 연계가 기능하지 않고, 최악의 경우 직장간의 대립이 표면화한다. 세력권 의식이 만연하여 회사전체 관점이 빠져버리고, 문제의식을 가진 구성원이 사태의 개선에 나서도 조직의 벽에 부딪쳐 개혁 의욕을 잃어버린다.

〈고객관점 불감증〉

조직 내에 내부지향이나 절차주의가 만연하여 기업 조직에 있어서 가장 중요한 외부 환경의 대응, 고객만족의 추구가 뒷전이 되어 버린다. 외부 환경과 접하고 고객 대응을 담당하고 있는 현장의 욕구불만이 극도로 증가한다.

〈커뮤니케이션 폐쇄증〉

조직 간이나 계층 간 또는 최악의 경우는 직장 내에서도 커뮤니케이션이 폐쇄된다. 서로의 무관심이나 단념이 조직의 연계를 저해하기 때문에 조직 전체의 활력이 크게 저하하여 동기부여 위기 상태가 만성화한다.

성장 단계에서 필요한 리더십

이와 같은 시기에서는 리더는 조직의 에너지를 외부=시장이나 고객을 위한 변혁을 할 수밖에 없다. 유능한 중간 관리자들을 선발하여 고객시점의 회복, 고객접점의 강화, 조직 내의 정보흐름의 이전, 그리고 그것을 가능하게 하는 권한의 이전과 재배분을 단행하지 않으면 안 된다. 리더십 스타일은 농경형에서 수렵형으로 명확하게 전환할 필요가 있다.

이상과 같이 기업의 성장과정 이행기에는 다양한 문제가 일어나기 때문에 강한 리더십을 발휘하여 동시 바꾸기를 성공시키지 않으면 안 된다.

고객가치

고객의 구매동기를 유발한다

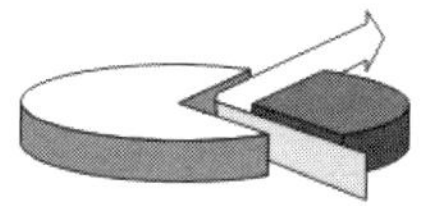

고객이 중시하는 동기부여 형태

몇 번이고 반복하지만 비즈니스는 시장이나 고객과의 커뮤니케이션 활동이다. 자신들의 메시지를 발신하는 기지로서 회사라고 하는 그릇이 있고, 상품이나 서비스는 그 메시지를 효과적으로 전달하기 위한 미디어의 역할을 한다.

리더는 고객에게 전달하고자 하는 메시지를 상품이나 서비스에 잘 나타내지 않으면 안 된다. 상품이나 서비스 작품의 완성도에 따라 고객이 받아들이는 메시지의 내용이나 강약이 변하는 것이다. 또한 동시에 상품이나 서비스는 외부환경과 내부환경을 잇는 접점의 역할을 완수한다.

어떤 상품이나 「서비스＝품」을 고객에게 제시하는 시장과 상호작용의 성패가 결정될 뿐만 아니라 상품이나 서비스의 특성에 따라 리더의 내부자원의 사용 방법도 결정되기 때문이다. 상품이나 서비스의 관리는 외부환경의 적응(어떻게 고객의 마음을 사로잡을까)과 내부조직의 통합(어떻게 구성원의 공헌을 이끌어낼까)라는 양쪽에 커다란 영향을 주는 중요 요소라고 할 수 있을 것이다.

그럼 리더가 상품이나 서비스를 관리하는데 있어서의 원칙은 무엇인가? 그것은 상품이나 서비스의 가치의 원천, 바꿔 말하면 고객이 그 상품이나 서비스를 구입하는 이유인 고객가치를 묻는 것이다.

- 고객에게 제공하는 상품이나 서비스의 진정한 가치는 어디에 있는가?
- 고객은 다른 선택지가 존재함에도 왜 굳이 그 상품이나 서비스를 선택하는 것인가?

이점에 관해 리더는 날카롭게 고찰하지 않으면 안 된다. 고객이 상품이나 서비스를 구매하는 동기 즉 동기부여 타입은 다양하나 크게 4가지로 분류할 수 있다.

기능중시 동기부여 형태

구매 동기의 원천이 상품이나 서비스의 기능에 있는 경우이다. 상품이나 서비스의 내용 그 자체, 기능이나 성능 또는 디자인 등에 끌려 구입을 결정하는 것이다. 부동산을 예로 들면 입지를 포함하는 물건 그 자체의 매력(넓이나 외장, 내장 등)으로 구입을 결정하는 사례가 이에 해당한다.

조건중시 동기부여 타입

구매 동기의 원천이 상품이나 서비스의 조건에 있는 경우이다. 가격이나 지불 조건, 혹은 납기나 기타 거래 조건에 매력을 느껴 구입을 결정하는 것이다. 이것도 부동산을 예로 들어 설명하면 그 물건 가격이나 인도일이 요구사항에 맞는 다는 이유로 구입하는 경우가 이에 해당한다.

인재중시 동기부여 타입

구매 동기의 원천이 상품이나 서비스를 다루는 인재에 있는 경우이다. 상품이나 서비스를 제공하는 사람의 전문성이나 대응력 등에 가치를 느껴 구입을 결정하는 것이다. 그 물건을 담당한 영업사원의 설명 능력이나 정중한 대응이 결정적인 원인이 되어 구입하는 사례가 많다. 일반적으로 고가의 서비스업이나 고도의 전문 기능을 요하는 비즈니스에 이 경우가 많다.

기업중시 동기부여 타입

구매 동기의 원천이 기업에 있는 경우이다. 상품이나 서비스를 제공하는 기업의 신뢰나 브랜드를 중시하여 구입을 결정하는 것이다. 판매자인 ○○부동산의 브랜드나 신뢰감이 높을 경우에, 시세보다 다소 가격이 높아도 구입하는 사례는 드물지 않다. 일반적으로 고액의 상품이 될수록, 고객이 이 요소를 중시하는 경향이 강하다.

현실의 경우에서는 이상의 4가지 요소가 서로 얽혀 고객은 선택 행동을 보이는 것입니다만, 리더는 항상 자신들의 상품이나 서비스를 고객이 선택하는 이유를 계속하여 묻지 않으면 안 된다. 반대로 말하면 고객에게 제공하는 고객 가치를 사전에 계획해 두는 것이다.

원칙 9의 온리원 전략도 여기서 설명한 고객의 구매동기를 파악하여 자사의 독자성을 기획하고 설계하는 것이다. 그리고 어떤 타입의 동기부여를 유발하는가에 따라 리더가 조직 내의 어느 부분에 어느 정도의 자원을 투하해야 하는가가 결정되는 것이다.

4가지의 동기부여를 유발하는 방법은 다음과 같다.

동기부여를 유발하는 방법

고객의 기능중시형 동기부여를 유발하고자 하는 경우에는 마케팅과 상품 개발을 철저히 하지 않으면 안 된다.

자신들의 목표 고객이 요구하고 있는 것은 무엇인가, 경쟁 상대가 깨닫지 못하고 있는 진짜 수요는 어디에 있는 것인가를 찾아 상품이나 서비스에 그 기능을 재빠르게 포함시켜 진화시켜 나간다. 이들의 활동에 내부 자원의 대부분을 투하하는 것이 필요하여 인재의 배치에 관해서도 기획업무나 개발업무에 우수한 인재를 가려내는 것이 된다.

조건중시형 동기부여를 유발하고자 하는 경우에는 수퍼나 가전양판점이 하고 있는 것처럼 주위의 경합 대상에 대하여 조사를 실시간으로 실시하는 것이다. 그리고 자사의 좋은 조건을 고객에게 알리는 판매 활동을 단기 사이클로 계속하여 돌리는 것에 힘을 기울일 필요가 있다.

인재중시형 동기부여를 유발하는 경우는 고객을 맞는 점포를 담당하는 인재에 대해 투자할 필요가 있다. 고객과의 접촉하는 점포의 전방부대의 전문 능력이나 대응력이 가치의 원천인 이상, 우수한 인재를 전방에 배치하고, 나아가 그 능력을 높여가기 위한 투자를 행하지 않으면 안 된다. 그리고 리더는 전방의 능력있는 사원이 유출되지 않도록 그들의 평가나 보수에 관하여 민감해져야 한다.

또한 기업중시형 동기부여를 유발하고자 하는 경우는 자사의 브랜드력 향상을 위한 이미지 만들기나 선전과 홍보 활동의 투자가 필수적이다.

이와 같이 상품이나 서비스에 어떤 특징을 갖게 하고, 고객의 어떤 구매동기를 유발할 수 있는가는 리더가 내부 조직를 어떻게 이끌 것인가에 그 방향은 크게 변한다. 실제로 리더가 외부환경에 대한 적응과 내부환경을 통합하는 접근점을 찾아 고객에게 가치를 제공하고 표현하는 것이 상품과 서비스인 것이다.

조직에 기여할 수 있는 환경

　리더가 조직의 성장단계마다 직면하는 문제에는 2가지 측면에서 고려 할 것이 있다. 그것은 전술한 바와 같이 외부환경의 적응(어떻게 고객의 마음을 사로잡을까)과 내부조직의 통합(어떻게 구성원의 역량을 이끌어낼까)이다.

　시장 환경이나 고객의 수요는 항상 변화하고 있다. 고객이 가치를 느끼고 대가를 지불해도 좋다고 느끼는 상품이나 서비스를 어떻게 하면 제공할 수 있을까? 고객의 구매 동기부여를 어떻게 유발시킬까? 어떻게 고객의 마음을 사로잡을까? 라고 하는 외부환경의 적응이라고 하는 관점은 리더에게 있어서 필수이기 때문에 이제까지 많은 검토가 이루어져 왔다.

　그에 비해 내부조직의 통합(어떻게 구성원의 역량을 이끌어낼까)에 대해서는 충분한 검토를 하여야 한다. 리더는 구성원이 역량을 최대한 발휘하여 개인의 목표를 달성하고 이것이 조직의 성과로 이어지도록 해야 한다. 즉 구성원이 자발적으로 조직에 공헌할 수 있도록 동기부여를 제공하여야 한다.

　리더는 어떠한 상품이나 서비스를 만들어 고객에게 가치를 제공할까를 생각함과 동시에 어떻게 하면 구성원이 역량을 최대화하여 조직에 이바지할까를 시야에 넣지 않으면 안 된다. 인재의 유동화가 진행되는 요즘 자신의 역량을 어느 조직에 제공하여 공헌할 것인가를 늘 생각하고 선택할 기회를 엿보고 있다. 앞으로의 시대에 리더는 외부환경만을 바라보면 안 된다.

3부
동기부여 매니지먼트

구성원에게

매력적인 목표나 보수는 무엇인가

동기부여를 매니지먼트 한다

마케팅 marketing

구성원의 동기부여를 마케팅 한다

동기부여에 영향을 끼치는 요인

리더가 팀의 동기부여를 높여 가는데 있어서 먼저, 받아들이지 않으면 안 되는 사고방식, 그것은 동기부여 마케팅이라고 하는 발상이다.

말할 필요도 없이 마케팅이란 기업이 시장이나 고객이라고 하는 외부세계를 파악하기 위해 행하는 활동이다. 누구를 목표로,

어떠한 상품 서비스를, 어디서, 얼마로, 어떠한 방법으로 제공하면 받아들여질 것인가를 분석하는 것으로 기업은 과제를 명확화하여 적절한 전략을 세운다. 여기서는 이 마케팅 활동을 기업의 내부에 대해서도 행해야하는 시대가 도래한 것을 강조하고 싶다.

예전에는 사원의 동기부여 상태를 파악할 필요성 그 자체가 없었다. 연공서열이나 종신고용이라고 하는 구조에 의해 기업과 개인이 서로 묶여 있으며 성장해 왔기 때문에, 조직의 충성심을 사원으로부터 이끌어내는 것은 쉬운 일이었다. 그러나 지금은 기업과 개인이 서로 선택하는 관계 즉 인재 유동화의 시대이다.

잡은 고기에게 먹이를 주지 않는다는 방식은 이제는 통용되지 않고, 한번 잡은 고기(인재)는 언제 다시 바다 즉 외부세계로 도망쳐 버릴지 모르는 완전히 잡히지 않은 고기와 같은 존재인 것이다. 현대에 있어서는 기업은 항상 인재라고 하는 고기를 계속하여 잡는 노력을 하지 않으면 안 된다. 한번 채용한 사원이라도 기업이 그 조직에 속할 만한 매력을 계속하여 제공할 수 없다면 동기부여를 저하시켜 결국은 조직 외부로의 유출을 초래하는 것이 되어 버리는 것이다.

리더에게 요구되는 것은 동기부여 마케팅에 의해 구성원이 조직에 무엇을 요구하고 있으며, 무엇에 만족하고 있으며, 무엇에 불만을 갖고 있는 것인가 하는 동기부여의 방향이나 강약 상태를 확실히 파악하는 것이다. 리더십을 바람직한 방향으로 발휘하여, 구성원의 공헌활동을 충분히 이끌어 낼 수 있는가 어떤가는 이 마케팅 발상을 가지고 있는가 어떤가로 결정되는 것이다.

그럼 구체적으로 인재의 동기부여는 어떠한 요소에 영향을 받는 것일까. 여기서는 기업을 진단할 때 채용하고 있는 16가지 요소를 요약하여 소개하겠다.

● 기업의 매력, 동기부여 8요소

① **회사의 기반에 대한 안심**

회사의 재무 상황이나 업계 내에서의 영향력 등 종합적으로 활동 기반이 안정되어 있는지.

② **이념이나 전략의 공감**

조직이 내건 이념이나 비전 혹은 사업 전략에 공감할 수 있는지. 이념이나 비전과 사업 전략과의 일관성도 중요하다.

③ **사업 내용의 흥미**

회사가 운영하는 사업 내용에 흥미 관심이 가는지. 사업의 장래성, 성장성, 경쟁 우위성, 사회의 영향력이나 공헌도 등 사업 활동에 의의가 느껴지는지.

④ **업무의 진정한 재미**

업무를 통하여 사회의 공헌할 수 있는가, 개인의 재량은 있는지. 성장의욕은 충족되는가? 등 전체적으로 업무에 진정한 재미를 느낄 수 있는지.

⑤ **조직 문화와 조화**

조직 내에 양성되고 있는 사고나 행동의 스타일과 자기다움이 합치하는지. 즉 집단의 체질에 조화될 수 있는지.

⑥ **인적인 매력**

조직 내의 사람이 매력적인지. 자신에게 있어서 목표가 될 것 같은 인재가 있는지.

⑦ 시설이나 환경

일하는 환경이 쾌적한지. 효율 좋고 질 높은 업무를 하기 위한 인프라나 입지면에서 문제는 없는지.

⑧ 제도나 대우의 납득

평가나 대우가 자신의 역할이나 책임에 비추어 공평하고 적정하여 납득 할 수 있는 것인지.

● 상사의 매력, 동기부여 4요소

① 정보 제공

시장이나 고객 등의 외부 환경에 관한 정보, 전략이나 목표 등의 내부 정보를 명확하게 자신의 말로 말해 주는가.

② 정보 수집

내외 환경의 정보 수집은 물론, 그것에 입각하여 자신의 과제나 문제, 업무 내용이나 대처 상황을 확실히 파악해 주고 있는가.

③ 판단 행동

상사가 판단 기준을 명시하고, 공평하고 적정한 평가를 내리고 있는가. 또한 상사의 언행과 행동이 기준에 맞는가.

④ 동기 형성

상사의 모성적인 행동에 관한 요소. 동기부여에 마음을 써주고 있는가. 구성원의 동참을 이끌어 내고, 자신의 가치나 개성을 발견해 주고 있는가.

● 직장의 매력, 동기부여 4요소

① 고객 접근

직장이 외부세계로 열려져 있는가. 구체적으로는 고객이나 관련 부서의 요구에 우선하는가.

② 목표 달성

목표달성을 향하여 직장의 전원이 전력을 다하고 있는가. 목표를 달성하기 위한 계획이 철저히 되어 있는가.

③ 의욕 상실

서로의 의욕을 서로 환기시키는 직장인가. 직장의 구성원끼리 잘 연계되어 업무를 하고 있고, 의욕을 이끌어 내면서 좋은 교류가 유지되고 있는가.

④ 업무 효과

직장 전체가 효율적으로 업무를 진행하여 효과를 추구하고 있는가. 시간적인 계획성뿐만 아니라, 업무의 성과를 높이는 노하우나 지식을 공유할 기회나 구조가 있는가.

리더는 이상의 요소를 분석 하여 구성원이 어느 요소를 중시하고, 어느 요소에 불만을 가지고 있는가를 찾아내어 대책을 세우지 않으면 안 된다.

동기부여 관리의 첫걸음은 마케팅이다

업종이나 직종, 경영자의 특성, 혹은 기업의 역사나 문화, 구성원의 특성 등으로부터 개개의 기업마다 사원이 기업에 요구하는 요소가 다양한 것을 알 수 있다. 게임 소프트 제작회사 A사에서는 기업 측은 충분한 개발 환경을 사원에게 제공하고 있다고 생각하였으나, 실제로는 현장과의 인식에 괴리가 있어 사원은 더욱 개발 환경을 개선시켜 주었으면 하는 소리가 압도적으로 많았다.

그래서 환경 개선을 향한 제안을 행하여 기업 개발반을 결성하여 환경 향상을 도모한 결과, 사원의 동기부여가 대폭으로 상승했다. 개발자들에게 있어서는 최대의 성과를 만들기 위한 개발 프로그램이나 소프트웨어의 버전 업version-up이 중요한 동기부여 요소였던 것이다.

또한 섬유회사 B사에서는 기업 이념의 공유나 시책을 경영진에게 요구하는 소리가 다수파를 차지하고 있었다. 제도나 대우의 불만보다도 가치관의 공유나 직장에서 일체감을 요구하는 소리 쪽이 높았던 것이다.

이 회사는 기업이념의 명문화를 시행하고 사원 전원이 같은 장소에 모여 자사의 이념을 일상업무에 연결 할 수 있는 방법을 서로 이야기하는 기회를 만드는 것으로 회사가 활성화하였다고 한다.

마케팅 결과에 따라 취해야 하는 시책은 다양하나, 먼저는 리더가 구성원의 소리에 귀를 기울이는 것이 중요하다. '동기부여 관리'의 첫걸음은 동기부여 마케팅에서부터 시작되는 것이다.

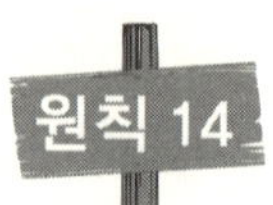

입 구

입구관리로 공감의 접점을 만든다

조직의 입구를 관리한다

입구 관리란 조직의 입구를 관리하는 것을 말한다. 구체적으로
는 인재채용에 있어서 조직과 개인이 상호 이해를 도모하고, 그
리고 상호선택 관계 상태에 이르도록 열린 커뮤니케이션을 행하
는 것이다.

강한 조직을 만들기 위해서는 입구에서 관리를 철저히 하는 것
이 제일이다. 아무리 우수한 리더라도 입구의 관리가 허술하고
관리의 소속 동기나 동기부여의 방향성이 각각이라면 리더십을

유효하게 발휘하는 것은 어렵기 때문이다.

원칙 8에서 기술한 바와 같이 리더는 다양한 시장 수요에 응해서는 안 된다. 조직은 유한한 자원밖에 가지고 있지 않기 때문에 고객의 모든 수요에 답하는 것은 불가능하기 때문이다. 이 원칙은 조직 내부에 대해서도 들어맞는다. 입구의 단계에서 충분히 정보 교환을 행하여 공감의 접점을 만들어 내는 것이 중요하다.

리더는 인재의 채용 활동을 단순히 인재라고 하는 자원을 외부로부터 조달하는 활동으로 받아들이는 것이 아니라, 조직의 입구를 관리한다(=입구관리)라고 하는 넓은 개념으로 고쳐 받아들이지 않으면 안 된다. 그리고 확고한 공감의 접점을 창조하는 것으로 자신이 리더십을 발휘하기 쉬운 내부 환경을 마련하는 것이다.

조직의 입구로부터 기업을 보고 그 시점으로부터 기업의 경쟁력은 어떻게 생기는가는 조직 만들기의 조건으로서 도출한 요소는 기업과 거기서 일하는 개인의 상호선택 관계이다. 조직과 개인의 관계가 상호선택 관계로 변화해 온 오늘날 서로 선택하는 상태를 만드는 최초의 단계가 입구 관리의 대처인 것이다.

채용 단계에서 응모자에 대해 충분히 정보를 파악하지 않고 좋은 것만 보는 방법으로는 나중에 큰 비용을 지불하지 않으면 안 된다. 서로 속이는 관계로부터 시작해서는 그 후에 발견되는 인간성의 결여, 그리고 동기부여 저하, 인재의 조기 유출, 조직의 비활성과 비효율 등으로, 끝내는 내부고발 등 결국은 조직에 있어서 커다란 손실을 낳게 되어 버리는 것이다.

입구관리 4가지 역발상

리더가 입구 관리를 강화할 때 필요한 것은 4가지 역발상이다.

제1의 역발상은 사업전략을 위한 인재가 아닌 인재력이 사업전략을 결정한다고 하는 사고방식이다. 사업전략이 있다가 아니라 먼저, 인재가 있다는 발상이다. 상호구속관계에서 상호선택 관계로의 관계 변화는 기업과 사원뿐만 아니라, 이미 기업과 고객, 기업과 투자자의 사이에서도 일어나고 있다.

기업과 고객의 관계에서는 이제까지 지나온 오랜 교제나 같은 계열이라고 하는 것은 허용되지 않고, 엄격하게 기업의 활동내용이 요구되는 시대이다. 주주와의 관계에서는 이익을 추구하는 발언권이 있는 주주의 대응에 골치 아픈 기업이 많다. 이와 같이 기업과 투자자의 관계는 모두 변질되고 있다.

그러나 보다 심각한 문제는 고객이나 주주와의 관계 변화와 인재 유동화라고 하는 새로운 환경에 대하여 어떻게 타협을 하는가 하는 것이다. 단기 이익을 원하는 투자자의 요구나 저가격을 원하는 고객의 지향이 꼭 종업원 수요와 양립할 수 있다고는 할 수 없다. 인재 유동화라고 하는 환경 변화는 이 모순을 단기간 중에 현재화시키는 위력을 가질 것이다.

아무리 효과적인 전략을 세워 중요한 사업 수행자인 조직 구성원의 동기부여가 낮으면 결과적으로 고객이나 주주에 대한 이익도 실현할 수 없게 되어 버린다. 이와 같은 사고방식을 세우면 사업의 방향성이 인재의 질이나 수를 결정한다는 것이 아니라 채용된 인재로 사업의 방향성이 결정된다고 하는 극단론도 성립한다. 그렇다면 리더가 인재전략의 우선순위를 높이고 입사 관리를 철저히 하는 것이 결국은 강한 조직이 되는 지름길이라고 할 수 있다.

제2의 역발상은 인재의 채용이란 들어오고 싶어 하는 인재를 선택한다는 것이 아니라 채용하고 싶은 인재를 찾는 영업 활동이라고 하는 발상이다.

영업이란 커뮤니케이션에 의해 상대방의 수요를 끌어내고 자신들의 상품 서비스를 구매하도록 의사결정을 재촉하기 위해 적극적으로 상대에게 손을 쓰는 것이다. 인재 채용 활동도 자사의 입사라고 하는 선택을 결의해 주도록 하는 영업 행위로 받아들여야 한다. 영업 행위인 이상 항상 상대에게 있어서의 「다른 선택 = 채용경합」을 의식하여 그것을 상회하는 활동을 하지 않으면 안 된다.

채용상의 경합은 동업 타사인지, 다른 업계인지, 그 인재는 어떠한 동기부여를 충족시키는 조직을 선택하려고 하고 있는가를 냉정하게 분석하는 것이 필요해진다. 그러한 의미로는 「입구관리」야말로 리더가 적극적으로 관여해야 한다. 리더가 조직을 대표하여 사회를 이야기하고 업무를 이야기하고 자신을 이야기하는 것이다.

인생에 있어서 중요한 선택의 기로에 서 있는 응모자는 상당히 기대치가 높다. 그러한 상대에게 빈틈없이 대치하기 위해서는 스스로의 이념이나 비전을 명확화 하는 것이 필요해 지기 때문에, 리더는 매력적인 프레젠테이션과 영업적인 커뮤니케이션 활동에 의해 우수한 인재를 획득하는 전쟁에 도전해야 한다.

리더십을 발휘하기 위한 환경을 마련한다

제3의 역발상은 회사에 인재를 들어오는 것이 아니라 인재 속으로 회사가 들어간다고 하는 발상이다. 인재관리란 계속적인 공감자를 창조하는 활동인 것이다.

입사와 퇴사의 발생빈도가 높고 비용만 들어가는 것은 지원자와 사전에 상호 이해하여 서로 선택하는 관계가 철저히 되어 있지 않고, 인원수의 증원이라고 하는 발상으로 채용 활동을 하고 있기 때문이다. 채용에 있어서는 그 목적을 질 높은 공감자의 창조라고 하는 의식으로 전환시켜야 힐 것이다.

회사의 이념이나 가치관을 공감하는 지원자를 채용하여 계속적으로 가치관의 공유에 노력하지 않으면 안 된다. 기업 이념이나 가치라고 불리는 것의 공유 정도가 진짜 의미에서의 조직력을 강화하는 것으로 이어지는 것이다.

제4의 역발상은 입구 관리는 사원의 의식 개혁이나 차세대 리더 육성의 절호의 기회라고 하는 것이다. 입구 관리의 진면목은 기존 구성원의 동기부여를 비약적으로 높여 장래에 조직을 담당해 갈 차세대 리더를 육성할 수 있는 것이다.

자신들의 동료를 모집하는 활동의 과정에 있어서는 사업이나 업무의 의미가 자신 안에서 확실하게 재확인되어 뿌리내려가는 것이다. 지원자로부터 높은 기대치에서 던져지는 질문에 기존 구성원은 자신의 지금 상태가 부끄럽다던가, 자신의 업무의 의미를 다시 한 번 확인할 수 있다 등의 감상을 가진다.

입구 관리는 다양한 깨달음을 얻을 기회이기도 하다. 그렇기 때문에 입구 관리는 가능한 한 많은 구성원을 참가 시켜 구성원의 성장을 촉진시켜야 한다. 또 입구 관리에 관련된 인재는 그후의 기업의 개혁 담당자와 리더가 될 가능성이 높다. 왜냐하면 인재의 중요성을 가장 강하게 자각할 수 있는 기회를 경험한 것, 그리고 지원자에게 이야기한 것을 현실의 것으로 하고 싶다고 하는 욕구가 그 인재의 의욕을 지지하게 되기 때문이다.

「입구관리」는 조직의 입구 관리이다. 지원자와 상호이해, 필요한 존재를 지향하는 열린 자세가 자립적인 경력 형성을 강하게 의식하기 시작한 인재시장에서 브랜드 구축으로 이어진다.

리더가 리더십을 발휘하기 위한 환경을 만들기를 원한다면 무엇보다도 입구 관리에 충분한 시간과 비용을 들여 인재와 사이에서 확고한 공감의 접점을 만들어 내야한다.

출 구

출구관리로 조직을 활성화 한다

「관계청산」이 매니지먼트

입구 관리의 중요성을 전항의 원칙 14에서 기술하였으나, 입구 관리만 있으면 조직과 개인의 상호선택 관계 상태가 영원히 유지되느냐 하면 그렇지 않다. 왜냐하면 조직도 개인도 다양한 사정으로 변화하기 때문이다.

기업 조직은 격심한 경쟁에서 살아남지 않으면 안 되기 때문에, 크나 큰 전략의 변경을 강요받는 경우가 있다. 특히 환경변화에 따라 조직의 활동무대가 크게 변할 때, 그 경향은 현저해진다. 조직은 환경에 적응하면서 살아가는 생물과 같은 것이며 살아남기 위한 변화는 피할 수 없고, 조직 편성이나 개개인의 역할을 변경시키지 않을 수 없게 되는 것이다.

또한 개인도 생활환경의 변화나 심리 상태에 따라 조직이나 업무에 요구하는 것이 변한다. 결혼이나 출산 혹은 부모의 간병 등의 가족 상황의 변화는 물론 자기의 장래의 전망이나 업무에 대한 생각 등 개인적인 지향도 변화하기 쉽다. 기업이나 업무를 선택한 때의 마음에 변화가 일어나지 않는 쪽이 오히려 드물다고 할 수 있을 것이다.

이와 같이, 이전에는 빛나던 인재가 최근 2, 3년간 활동이 미약하다. 중요도가 낮은 인재가 저항 세력을 형성하여 회사의 변화를 방해하고 있다고 하는 사태가 일어날 수 있다. 그래서 조직에게 요구되는 것은 조직의 출구관리=출구 관리라는 발상이다. 입구 관리를 관계구축의 관리라고 하면, 출구 관리는 관계 해소의 관리이다.

시장의 성숙화나 상품이나 서비스의 단명화라고 하는 외부환경과 상기와 같은 내부환경의 변화에 재빠르게 대응하기 위해 앞으로의 리더는 관계해소를 쉽게 하는 시책, 바꿔 말하면 자유롭게 신축하고, 유연성 있는 조직 인사 시스템의 도입을 도모하지 않으면 안 된다. 종래와 같이 전문대졸 사원의 일괄 채용이나 정년에 의한 일률적 교체라고 하는 사고방식으로는 환경에 대응할 수 없기 때문이다.

환경 변화가 점점 심해지는 시대 조직의 신진대사는 중요한 경영 테마가 된다. 신진대사가 없는 조직은 사원의 사고와 행동이 경직화되어, 머지않아 신진대사가 활성화하고 있는 기업과의 경쟁에서 지게 된다. 출구 관리에 의한 적절한 대사 촉진으로 항상 기업 조직을 숨쉬게 하는 것이 중요하다.

사원이 그만 두기 쉬운 환경을 만든다

영리를 추구하는 기업에 있어서 이상적인 상태는 높은 성과를 만들어내는 인재만이 조직에 남고, 성과가 미비한 인재는 퇴사하는 것이지만, 현실은 그리 간단하지 않다. 그래서 기업에게는 크게 2가지의 선택이 남겨진다.

첫 번째는 사원과의 구속 관계를 강화하여 그만두기 어려운 환경을 만드는 것이다. 그리고 성과가 비비한 인재민 그만두게 한다. 두 번째는 사원이 그만두기 쉬운 환경을 만드는 것이다, 그리고 성과가 높은 인재가 그만 두는 것을 막는다. 나는 주저 없이 후자를 권한다. 오랜 경험으로부터 관계 청산쪽이 관계 구축보다도 훨씬 큰 에너지를 필요로 하기 때문이다.

그만두기 어려운 환경을 만들어 능력 없는 인재에게 관계 청산을 다그치기보다 그만 두기 쉬운 환경을 만들어 능력 있는 인재와의 관계강화(동기부여강화)를 노리는 편이 득이 된다고 생각한다.

일본에서는 기업과 개인이 상호 구속 관계를 오랫동안 키워 온 것도 있어 인재 유동화 시대라고는 해도 회사를 그만 두는 것은 곧 나쁜 일, 떳떳하지 못한 일이라고 받아들이는 사람이 여전히 많다. 그래서 출구 관리의 강화를 위해서는 종래의 발상을 버리고, 그만두기 쉬운 회사를 만들어 가는 것을 첫걸음으로 한다.

다음의 4가지 요소를 조직 관리에 반영시키는 것이다.

① 즉시 청산형의 보수제도의 도입

연공서열형급여나 퇴직금제도 등으로 대표되는 것처럼 공헌에 대한 보수를 나중에 지불한다고 하는 후불 요소를 폐지한다. 조직과 개인이 서로 부채를 만들지 않고, 그 자리에서 성과를 보수로 환원하는 즉시 청산형으로 전환하는 것이, 그만두기 쉬운 회사 만들기의 제1조건이 된다.

② 인사평가의 기간의 단축과 기회제공

1년이나 반년마다 실시되고 있는 구성원에 대한 인사 평가를 3개월 단위로 행한다. 서로에게 인사 평가에 대한 납득감을 높이기 위해 역할이나 기대 내용을 조정하는 커뮤니케이션 기회의 빈도를 높이는 것이 제2조건이 된다.

③ 자기선택형이나 회사선발형의 연수제도

자기 선택형은 자기개발기회를 사원의 선택에 맡기는 방법이다. 회사 선발형은 연수에 참가시킬 대상자 즉 투자 가치가 있는 인재를 조직이 임의로 선택하는 방식이다. 사원이 선택하는 기회와 회사에게 선택되는 기회 양쪽을 갖추는 것으로 자기 책임이나 자립 의식을 키우는 것이 목적이다.

④ 사내 노동시장의 구축

조직 내의 인재의 기본 정보나 특기, 혹은 직무 희망 등의 데이터베이스를 갖춘 후, 자립제도 등을 도입한다. 사내에서 노동시장(사내전직시장)을 구축하여 인재 유동화를 촉진하는 것은 개개인에게 자신이라고 하는 상품 가치를 강하게 의식시켜, 원칙 1에서 다룬 아이컴퍼니 의식을 양성하는데 있어서 대단히 유효하다. 사내에 노동시장을 구축할 수 있다면 그 결과로서 사원의 자립 의식이 높아진다. 그만두기 쉬운 제도를 갖추어도 그만둘 수 있는 자립형 사원을 키우지 않으면 의미가 없다.

서로가 행복한 이별을 위한 리더십이 필요하다

리더는 「출구관리」의 생각을 「입구관리」와 함께 정확하게 이해하고 있지 않으면 안 된다.

조직의 입구 관리는 기업의 '내-외'의 경계선을 중시하는 것으로, 그 경계선에서 쌍방이 마주하는 것이며, 그리고 서로의 기대치를 조정하는 것이다. 그렇다고 한다면 채용 후에 있어서도 동일하게 '내-외' 즉 '경계선'이 존재할 것이다.

예를 들면 2년 이상 된 경력 사원과 1년생(신입사원), 관리직과 일반사원, A사업부와 B사업부 혹은 기획직과 영업직등 어떤 역할과 다른 역할에 한 줄의 선을 긋는 것으로 거기에는 입사전과 같은 입구 관리의 필요성이 떠오른다.

리더는 개개인의 새로운 고객을 가진다, 새로운 상사를 모신다, 새로운 부문으로 이동한다, 새로운 지역으로 이동한다, 승진하여 부하를 가진다고 하는 것을 잘 활용하여, 새로운 역할이나 환경과의 사이에서 상호 이해, 그리고 관계 구축을 실현하기 위해 공감의 접점을 찾아 다시 한 번 기대치를 조정해야 한다.

그러한 행위야말로 리더십이며 그 행위 안에 입구 관리가 포함되는 것이다. 인재 유동화 시대에 업무상 이별은 일상다반사가 될 것이다. 한편으로 한번 그만둔 사람들도 머지않아 다른 형태로 공동작업 할 기회도 많아질 것이 틀림없다.

사원이 회사를 그만두는 방법, 회사 측의 떠나보내는 방법에서 기업도 사원도 그 기량이 요구된다고 생각하고 있으나, 서로에게 있어 행복한 이별이 되기 위해서는 우수한 리더십이 불가결하다는 것은 말할 필요도 없을 것이다.

동기부여 원리

목표설정으로 동기부여 창조자가 된다

구성원의 의욕 원천은 동기부여이다.

리더에게는 조직의 입구와 출구라고 하는 경계선의 관리를 강화하고, 구성원의 동기부여의 방향성이나 강약에 관해 마케팅을 하는 것이 요구된다. 그러나 이것들은 모두 조직 구성원의 공헌 활동을 유효하게 이끌어내어 조직의 성과를 높이는 동기부여 관리의 준비 작업에 지나지 않는다. 최종적으로 리더에게 필요한 것은 구성원 한 사람 한 사람의 기술을 높여 그 기술이 최대한으로 발휘되도록 구성원의 동기부여를 유발하는 구체적인 기술이다.

어떠한 조직에도 구성원으로부터 다음과 같이 혹평 받는 사람이 있다.

- 저 사람과 일을 하면 공로를 빼앗길 것이다.
- 앞으로 10년 동안 이 조직에서 끊임없이 노력해도 저 사람처럼 될까봐 오싹해진다.
- 저 사람은 만나기만 하면 숫자 이야기만 하여 의욕을 없애버린다.
- 출세의 도구로 이용되고 있는 기분이 들어, 저 사람을 위해 노력할 기분이 들지 않는다.
- 과거의 성공 체험만을 이야기하기 때문에 이젠 지겹다. 등이다. 그러나 그러한 한편으로,
- 저 사람을 위해서라면 노력할 수 있다.
- 한번이라도 좋으니 저 사람 밑에서 일을 배우고 싶다.
- 노력하여 저 사람에게 인정받고 싶다.
- 저 사람이 만류하면 회사를 그만두지 않을지도 모른다. 등

많은 구성원에게 있어서 정신적 지주가 되고 있는 사람이 있다. 전자와 같은 사람을 '동기부여 거부자' 라고 부른다면 후자 '동기부여 창조자' 이다. 동기부여 창조자는 그 존재 자체가 구성원에게 있어서 의욕의 원천이 되고 있다.

인간은 누구라도 즐겁게 일을 하고 싶다. 의미 있는 일을 하고 싶다. 누군가에게 기대 받고 있다고 하는 실감을 받으면서 일하고 싶다고 하는 근원적인 욕구를 가지고 있다. 우수한 리더는 예외 없이 동기부여 창조자이며, 구성원의 근원적인 욕구를 자극하여 동기부여를 높이는 천재이다. 만일 당신이 리더십을 발휘하여 구성

원의 동기부여를 높여 조직의 성과로 연결되게 하고 싶다면 동기부여의 원리를 알아두지 않으면 안 된다.

그럼 인간의 동기부여는 어떠한 때 높아지며 어떠한 때 저하하는 것일까.

매력적인 목표나 보수를 내건다

V브롬의 기대이론에 의하면 인간의 동기부여는 「목표의 매력 × 달성가능성」 으로 결정된다고 하였다. 기업 조직에서는 「보수의 매력× 획득가능성」 으로 바꿔도 좋을 것이다.

목표나 보수가 매력적이면 매력적일수록 당연히 활동의 동기부여는 유발된다. 목표나 보수 자체에 매력이 없으면 구성원의 행동은 환기되지 않는다. 자신에게 있어서 매력 없는 것에 대해 사람은 에너지를 사용하려고 하지 않기 때문이다.

또한 달성 가능성이 높다, 손에 넣을 수 있을 것 같다고 하는 실감이며 이 실감이 행동의 변화에는 중요한 것이 된다. 달성 가능성이 낮으면 어차피 가능할리 없다거나 어차피 손에 넣는 것은 무리라고 하는 단념의 심리가 앞서 의욕이 생기지 않는다.

「목표의 매력× 달성가능성」 혹은 「보수의 매력 × 획득가능성」 이 두 가지를 곱하는 것으로 동기부여의 높이가 결정된다.

그것을 나타내는 가까운 예를 들어 보겠다.

마라톤을 막 시작한 사람이 트레이너로부터 '다음 달의 하와이 호놀룰루 마라톤에서 우승하라' 고 하면 동기부여는 오르지 않을 것이다. 마라톤의 훈련을 하는 일반인에게 있어서 '하와이 호놀룰루 마라톤 우승' 이라고 하는 것은 매력적인 목표이나 이 상황에서는 달성할 가능성이 제로에 가깝기 때문이다. 어차피 무리라고 하는 의식이 앞서버려 자칫 잘못하면 마라톤의 흥미까지 잃어버리게 될지도 모른다.

그러나 이것을 먼저 '시민 마라톤의 5킬로 코스에서 완주하자' 라고 말한다면 어떨까. 목표로서는 자신의 실력을 시험할 절호의 기회로서 매력적이다. 또한 5킬로 정도라면 초심자에게도 달성 가능성이 높기 때문에 동기부여가 환기되어 일상의 트레이닝에도 열성을 띠게 된다.

또한 어떤 자격시험이 1개월 후로 예정되어 있다고 하자. 시험을 보면 거의 틀림없이 딸 수 있는 자격이라고 알고 있어도, 그 자격이 사회적으로 아무런 가치도 없는 것이라고 한다면 어떨까. 목표의 매력이 극단적으로 낮기 때문에 동기부여는 아무리해도 끌어 오르지 않을 것이다.

반대로 가치가 높은 자격이고 목표의 매력으로서는 충분하나 난이도가 극히 높아 현시점에서의 자신의 지식, 능력으로는 자격을 딸 가능성이 거의 없다고 생각되는 상황을 상상해 보았으면 한다. 이 경우는 달성 가능성이 극단적으로 낮아, 1개월 후로 닥친 시험에 대한 동기부여는 어차피 안될 것이다.

동기부여의 크기를 정하는 공식은 = 「목표의 매력 × 달성가능성」을 리더는 능숙하게 활용해야 한다.

리더가 동기부여 창조자가 되기 위해서는 구성원에 대해 목표의 매력을 높이는 것 같은 움직임을 행할 필요가 있다. 구성원이 '하고 싶다' 라고 생각할 수 있는 목표를 설정할 것이며, 또는 구성원이 어떻게 해서든 손에 넣고 싶다고 생각할 수 있는 보수를 설정할 것이다. 그리고 구성원이 목표를 달성 할 수 있는 가능성을 높여줄 것이다. 할 수 있다, 할 수 있을 것 같다고 생각되도록 능력을 이끌어내 준다. 그와 같은 구성원에 대한 지원 행동을 아까워하지 않아야 한다.

또 다른 구성원의 동기부여 환기의 요소를 들면 위기감이나 공포심이 있다. 배수의 진이라고 하는 말이 있듯이 명장은 여기다라고 하는 때에 병사가 싸우지 않을 수 없는 상황을 만들어 낸다. 하지 않으면 안 된다, 할 수밖에 없다고 하는 위기감이나 실패에 대한 공포심을 자극하여 구성원의 에너지를 이끌어내는 방법도 극약처방이긴 하지만 상황에 따라서 절대의 효과를 발휘한다.

이점에 관해서는 원칙 4에서 설명하였으므로 생략하지만 구성원의 공포심이나 위기감을 부채질하는 방법은 일정 조건이 갖추어 졌을 때 유효하다. 다만, 권력에 의한 강제력이나 제재력을 계속하여 사용하는 것은 조직을 피폐시키는 위험을 동반하기 때문에 조직의 계속적인 발전이라고 하는 관점으로부터는 충분한 주의가 필요하다.

목 표

4가지의 효과로 목표의 매력을 높인다

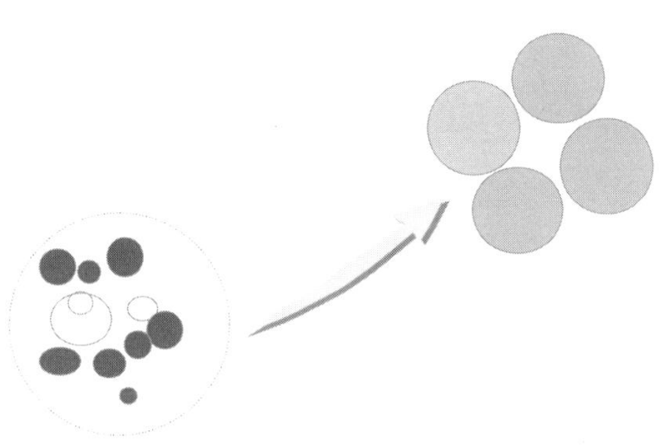

목표의 매력을 높이는 처방전

원칙 16에서 동기부여 매니지먼트의 공식 「목적의 매력 × 달성가능성」을 설명하였다. 리더가 실제로 이 공식을 활용하기 위해, 여기서는 먼저, '목표의 매력'을 높이는 처방전을 효과별로 소개하고자 한다.

① 사다리 효과

상위의 목적을 나타내는 것으로 업무에 의미를 부여한다.

상위의 목적을 나타내는 것으로 부하 자신의 업무에 의미를 부여하는 것은 대단히 중요하다. 사람은 의미가 없는 것에 대해서는 의욕을 가질 수 없다. 부하가 일의 의미를 잃고 동기부여 저하에 빠진 경우에는 일을 상위 개념으로 다시 파악하게 하는 것이 유효하다. 리더 자신도 부하에게 목적이나 배경을 제대로 전달하고 일을 시키고 있는지 뒤돌아볼 필요가 있을 것이다.

업무의 의미를 전달하기 위해서는 추상화라고 하는 기술이 빠질 수 없다. 여기서는 추상의 사다리라고 하는 사고방식을 공유하고 싶다.

예를 들면 '사과'를 조금씩 상위의 개념으로 잡아 보자. 개념을 한 단계 올라가면 사과는 '과실'로서 잡을 수 있다. 또 한번 올라가면 '음식물'이라고 하는 개념으로, 나아가 한 단계 더 올라가면 인간이 살아가기 위해 '불가결한 것'이라고 하는 추상화가 가능해 진다.

이와 같은 것을 업무에서 행하는 것이다.

구인광고 영업이라고 하는 일을 '사과'라고 하면, 광고를 따오는 일이다. 업무를 이 수준으로밖에 받아들이지 않는다면 자신은 이러한 대단한 일을 도대체 무엇을 위해 하고 있는 것인가라고 하는 고통스러움만이 다가오기 쉽다.

그러나 추상화를 행하면 구인 광고를 따오는 일은 좋은 회사를 사회에 계속하여 소개하는 일이며, 사회에 다양한 회사의 업무를 소개하는 일이기도 하고, 나아가서는 인재를 통하여 기업의 성장을 돕는 일, 혹은 광고를 보는 사람에게 인생의 찬스를 제공하는 일, 개인과 기업이 서로 행복한 관계를 구축하는 사회를 만드는 일 등 의미 깊은 해석이 가능하게 되는 것이다.

리더가 구성원의 업무 파악 방법을 바꾸고 코치하는 것으로 업무의 처리 방법이나 성과가 현격히 변할 것이다.

② 옵션 효과

자기 선택의 기회를 늘린다.

무언가를 선택한다고 하는 행위는 그 자체로 동기부여를 향상시킨다. 사람은 스스로 선택한 것에 대해서는 만족감, 납득감이 높고 자기 책임 의식도 자연히 생기는 것이다. 이것은 뒤집어 보면 사람은 선택할 수 없었던 것에 대해서는 만족감도 납득감도 얻지 못하고, 책임 의식도 가질 수 없다고 하는 것이 된다.

리더는 선택할 요소를 제시하는 것으로 구성원의 동기부여를 비약적으로 높일 수 있다. 반대로 업무의 우선순위나 진행 방법에 대해서 너무 세세하게 관리하거나 지시하거나 하면, 이 업무를 우선적으로 처리하고 싶다, 이 업무는 이와 같이 진행하고 싶다라고 하는 부하 자신의 업무에 대한 동기부여 싹을 잘라버리는 것이 될지도 모른다.

설령 미숙한 구성원이라도, 자신의 머리로 생각하여 판단하는 것에 의해 무언가를 선택할 기회를 부여받지 못한다면 구성원 자신은 강요받고 있는 느낌으로부터 빠져 나오지 못한 채 동기부여도 생기지 않고, 업무에 대한 책임 의식도 자라지 않게 된다. 리더가 선택의 폭을 좁혀 주거나 올바른 방향으로 이끌어 주거나 하여 적절한 범위에서 선택할 기회를 주는 것이 동기부여를 환기하여, 부하의 책임의식이나 사명감을 양성하는 것이다.

선택이란 결단하는 것이고, 결단이란 문자 그대로 정하다 단절한다는 양쪽을 의미한다. 무엇을 선택한 때에는 무언가를 버리지 않으면 안 된다. 그 기회를 여러 번 만들어 내는 것으로 동기부여 높은 자립한 인재를 육성할 수 있는 것이다.

③ 감사 효과

공헌에 대한 실감을 갖도록 한다.

회사는 규모가 클수록 효율화를 지향하여 역할이나 업무가 세분화되어 간다. 동시에 고객이나 자사에 대한 자신의 공헌 정도가 보이지 않게 되어버려 동기부여 저하를 초래하는 일이 많다. 그러한 경우에, 리더는 세분화된 개개인의 업무가 누구에게 어떻게 공헌하고 있는가. 누구의 어떤 업무와 어떻게 연결되어 있는가 등의 실감나게 하는 기회를 만들어 내는 것이 필요하다.

어떤 회사에서 이벤트 기회를 이용하여 전 사원에게 고객의 생생한 소리를 전하고 싶다고 하는 취지 아래 자사에 대한 평가나 기대를 고객으로부터 듣고, 그것을 VTR로 기록하여 사내 TV로 방영하였다. 사원들은 그 내용을 보고, 그 감사나 기대에 부응하고자 자신들이 어떻게 업무에 임해야 하는가를 부서별로 서로 이야기하였다고 한다.

그 후의 사원 설문조사에서 뜻있는 업무를 하고 있다고 다시 한번 실감할 수 있었으며, 평소에 들을 수 없는 고객의 소리에 감격하고, 고객의 기대감을 느껴 그 기대를 저버리지 않는 업무를 하고 싶다는 조사결과가 있었다. 이것은 사원 전원에게 업무에 대하여 동기를 부여하는 기회가 되는 것이다.

이와 같이 무언가 이벤트를 활용해도 좋고, 커뮤니케이션의 도구로서 고객을 마주하는 사람이 그렇지 않은 사람에게 고객의 소리, 그 부서의 중요성을 생생하게 전달할 수 있는 기회, 직장 내의 서로에 대해 감사나 위로의 말을 표명할 기회 등을 정례화 하는 것도 하나의 방안이다.

어차피 조직 내에 가능한 한 많은 공헌하고자 하는 마음과 필요하다고 하는 마음을 만들어 낼 궁리를 하는 것이 결과적으로 경쟁력을 가지는 것이 되는 것이다.

④ 스포트라이트 효과

개인이 표창 받을 기회, 이름을 새길 기회를 만든다.

사람은 각각 자신의 이름에 긍지를 갖고 있다. 스스로에 대해 관심이 없는 사람은 없을 것이다. 그래서 모두가 긍지를 가지는 이름을 여러 가지 기회에서 잘 언급하는 것이 동기부여를 높이는 데 있어서 커다란 효과를 발휘한다.

리더가 구성원을 칭찬할 때에도, 직장의 모든 사람 앞에서 이름을 들어 각각을 평가하는 것에 의해 의욕을 이끌어낼 수 있다.

예를 들면 지난주는 매출이 늘었다 보다도 ○○씨와 △△씨가 특히 열심히 하여 지난주는 매출이 늘었다고 말하는 편이 각자가 팀에 어떠한 공헌을 하였는가를 재확인 할 수 있음과 동시에 자신의 이름에 긍지를 가지고 존재감을 나타내고 싶다고 하는 습성에 호소할 수 있다. 동료 전원 앞에서 표창하거나 성과를 모두에게 알리는 것으로 스포트라이트를 비춰 주는 시책이 바람직하다.

또한 이름을 흔적으로 남기는 궁리도 유효하다. 예를 들면 매뉴얼이나 자료를 작성할 때 그 작성자의 이름을 넣도록 하거나 사내보, 부내보에서 가능한 한 개인 이름을 언급하는 등, 이름을 기록에 남기는 행위 그 자체가 동기부여 향상에 도움이 된다.

트로피가 효과적인 것은 이름이 쓰여진 리본에 자신의 이름이 더해지는 것으로 쏟은 에너지의 평가가 자신의 존재를 장래에 걸쳐 남길 수 있기 때문이다.

다만, 이름을 표기 할 때에는 다음의 두 가지 점에 주의가 필요하다. 첫 번째는 이름을 호명하는 기준이 하나의 지표에 의한 평가로 지나치게 치우치지 않도록 하는 것. 두 번째는 지나치게 많은 지표를 설정하지 않도록 하는 것. 지표가 지나치게 많으면 반대로 이름을 표기하는 의미나 가치가 내려가 버릴지도 모른다.

이름을 표기하는 기회는 조금 의식하면 몇 번이고 만들어 낼 수 있다. 리더는 이 효과를 충분히 알아두실 바란다.

가능성

4가지의 효과로 달성 가능성을 높인다

「달성가능성」을 높이는 처방전

원칙 17에서는 동기부여 매니지먼트의 공식 「목표의 매력 × 달성가능성」에 따라, 목표의 매력을 높이기 위한 구체적인 수법을 소개하였다. 이 원칙 18에서는 달성 가능성을 높이기 위한 처방전을 제시한다.

① 이정표 효과

중간 목표를 명확하게 설정한다.

목표를 달성한 때의 희열은 다음의 목표를 향해 높은 동기부여를 발휘하기 위한 원동력이 된다. 그래서 리더에게는 달성에 이르기까지의 거리를 구성원에게 나타내 보이는 것이 요구된다. 목표달성까지의 과정을 명확화하고 도중에 이정표를 두어 작은 목표를 설정하게 하는 것이다.

'무엇을 언제까지 달성하면 될까' 라고 하는 작은 목표 달성을 거듭해 가는 것이 최종적인 목표나 성과에 더욱 가까워지기 때문이다.

작은 목표를 설정하는데 있어서는 수치화 점수화가 유효한 수법이다. 예를 들면 영업 담당자에게 3개월 간 신규 개척 10개 거래처라는 목표가 주어졌다고 하자, 만일 3개월 앞의 목표 밖에 정해져 있지 않으면 구성원에게는 아직 3개월 남았다고 하는 여유가 생겨, 시작은 자연히 늦어진다. 그러나 3개월 앞의 목표로부터 거슬러 올라가 지금 무엇을 행동해야 하는가 언제까지 어디까지 실현할까를 생각하면 목표설정 그 날로부터 목표를 향해 달려가는 것이 가능하다.

최초 2주긴 고객의 지료 보충을 ○거래처, 1개월로 전화 및 영업을 각각 ○건, 다음의 2주간 약속을 ○건 획득, 그 결과 첫 달은 1사, 다음 달은 3사, 첫 달의 영업이 싹을 틔우는 최종 월은 6사 획득하여 목표를 달성한다고 하는 형식으로 날짜와 거기까지 달성해야 하는 작은 목표를 가능한 한 구체적으로 공유하는 것이 중요하다.

또한 작은 목표를 주위에 선언하여 상황을 함께 모니터링 하는 것도 달성의 동기부여를 끌어내는 비결이다. 단지, 목표를 부여해 두고, 진행 상황을 파악하지 않으면, 부하는 심리적인 감점도 없고, 목표 그 자체를 경시하거나, 달성 의욕을 잃어버리기 쉽다.

리더는 부하가 지금 무엇에 몰두하고 있는가, 어떤 상황에 있는 것인가를 항상 확인하여 그 달성 정도에 따라 약점이나 보강할 핵심사항을 나타내는 이정표 관리를 행하는 것이 업무의 효과와 동기부여를 높이는 것으로 이어지는 것이다.

② **피드백 효과**

대처 방법이 결과를 평가한다.

거울에 비친 자신의 모습을 보듯이 자기의 객관적인 평가를 아는 것은 향상의 동기부여를 자극한다. 심리학에서는 거울에 비친 자신이라고 불린다.

예를 들면 골프나 스키를 잘 하지 못하면 자신의 모습을 비디오로 찍어 보는 것이 가장 좋은 방법이다. 이 스윙은 어깨에 힘이 지나치게 들어갔다 여기서 무릎을 숙인 것은 만족스런 밸런스가 잡히지 않은 탓이다 등 잘 하고 있을 것이라 생각과 비디오로 보는 실제 자신의 모습에서 차이를 한눈에 알 수 있어, 대책을 바로 강구할 수 있기 때문이다. 비즈니스에서도 같은 효과를 발휘하려면 리더는 적절한 피드백으로 구성원의 업무 태도를 비추어 내는 거울이 될 필요가 있다.

리더는 칭찬을 할 때에도 수정을 지적 할 때에도 '정확하게 객관적인 자신의 모습을 비춰주는 거울이다'라고 하는 신뢰를 구성원에게 가지도록 하지 않으면 안 된다. 특히, 수정이나 교정을 재촉하는 경우에는 신뢰감이 열쇠가 된다. 구성원은 항상 열심히 할 생각, 알기 쉽게 설명할 생각, 계획을 세울 생각일 것이나, 실제로는 '생각'일 뿐이며, 주위의 평가와 차이가 발생하는 것도 잘 모를 경우가 있다. 이 차이를 객관적으로 전달하기 위해서는 구성원의 업무에 대해 정확하게 파악하지 않으면 안되고, 리더 자신이 존경받는 업무의 진행 방법을 하고 있을 필요가 있다.

또한 즉시성도 중요한 요소이다. 반년 전의 회의에서 이렇게 말하였으나 그것은 좋지 않았다라고 듣고, 그 지적을 곧바로 받아들일 구성원은 없다. 왜 그때 지적해 주지 않았을까라고 생각할 뿐이다. 정확하게 즉시 투영해 주는 리더라고 하는 거울이 구성원의 성장하고자 하는 의욕을 북돋아 실제로 크게 성장시켜 가는 것이다.

③ 롤플레잉 효과

역할 연기로 관점을 이동시킨다.

'자신이 아닌 다른 사람의 역할'을 체험하게 하는 것으로, 타인의 관점을 볼 수 있게 한다고 하는 롤플레잉 기법은 동기부여 방법으로 유효하다.

부하라면 상사의 역할, 개발자라면 그 상품을 파는 영업의 역할, 입사원이라면 임원의 역할 등, 철저하게 다른 역할을 가진 사람이 되어 회의나 토론에 참여 하는 것이다. 부하는 상사를 연기하는 것으로 상사 나름의 갈등을 몸소 실감하게 될 것이고, 개발자는 영업자의 입장에서는 것으로 상품의 팔기 어려운 문제점을 알게 된다. 또 사원이라면 경영자가 매일 같이 말하고 있는 것이 마음에 와 닿거나, 새로운 시계가 열리는 효과를 기대할 수 있다.

역할과 역할 사이에 많든 적든 무언가 대립이 생기게 마련이나, 이것은 어느 한쪽이 나쁜 것이 아니라 상대의 입장을 이해할 수 없기 때문에 벽이 생겨 버리기 때문이다. 리더가 구성원을 자신과는 다른 역할의 시점에 세우는 기회를 만들어 내는 것으로, 구성원은 이 벽을 넘어 고정된 시계에서는 깨달을 수 없었던 관점을 가지는 것이 가능하다. 그리고 새로운 시계로부터 자신의 업무를 바라보는 것으로 자신이 담당하는 역할의 의미와 자신의 업무 가치를 재발견할 수 있게 되는 것이다.

④ 노하우 효과

전문가나 경험자로부터의 전수, 노하우를 공유한다.

오늘날 개인이 사회에 요구하는 것은 크게 변하고 있다. 기업에 의존하는 삶의 방식에서는 몸을 망칠지도 모른다 높은 가치를 발휘하지 않으면, 기업과 자립한 대등한 관계를 이을 수 없다고 깨달은 의식 높은 개인을 발단으로, 경력관리나 자기 성장의 강한 관심이 높아지고 있는 것이 그 증거일 것이다. 이것은 바꿔 말하면 구성원의 업무에 대하여 동기부여를 촉진하기 위해, 리더는 각자가 지식을 얻을 기회, 배울 기회를 제공하여야 한다는 것이다.

지식의 기회는 개개인의 기술 향상을 위하여, 외부 강사나 전문가의 지도를 받을 기회를 만드는 것이 유효하다. 강좌의 선택을 평등하게 주어 선택하게 하는 것으로 구성원은 주어진 기회를 주도적으로 효과 있게 활용하여 필연적으로 자기 투자의 중요성을 이해하게 된다.

사내에서 성공사례나 노하우를 공유하기 위한 기회도, 알 기회로서 적극적으로 만들어야 한다. 기업의 경쟁 우위성을 확립하는 데에는 개개인이 가지는 묵시적 지식을 형식 지식으로 하는 것이 불가결하다. 평소 높은 성과를 올리고 있는 부하라도 자신의 행동 특성을 명확히 파악하고 있는 사람은 의외로 적다. 그러나 그 지식이 타인과 공유하면 그것은 회사, 직장, 팀에 있어서 희소가치가 높은 재산이 된다.

또한 구성원 전원이 서로의 대처 방법을 공유하면 그만큼 개선, 혁신적인 제안, 매출 향상, 효율화 등이 기대된다. 경우에 따라서는 부서를 바꾸는 것으로 자부서에 빠지기 쉬운 기술이나 관점의 깨달음을 촉진하는 것도 가능하다.

업무의 깨달음이나 촉발이라고 하는 것만으로도, 조직내의 지식을 공유할 기회를 갖는 것은 의미가 크다.

4부
룰 매니지먼트

규칙을 사용하여 메시지를 전달한다

룰을 매니지먼트 한다

매 체 media

의도를 전달하는 매체로 규칙을 활용한다

규칙을 통해 커뮤니케이션을 한다

리더십이란 어떤 일정 목적을 향해 사람들을 이끄는 행위이다. 리더는 구성원으로부터 공헌활동을 이끌어내기 위해, 커뮤니케이션을 통하여 계속하여 조직에 영향을 주지 않으면 안 된다.

리더는 비전을 전달하여 전략을 공유하고, 개개인의 역할을 정하여 업무 수행을 촉진한다. 또한 상황에 따라서 전략을 수정하고, 새로운 방침을 전달한다. 이 일련의 활동을 효과적으로 실행하는 것이 필요하다.

그러나 조직이 확대되어 인원수가 증가하면 초창기와 같이 전원과 얼굴을 맞대고 커뮤니케이션을 하는 것은 어렵게 된다. 리더가 전원을 모아 정보를 발신하는 집회를 빈번히 개최하는 데에는 한계가 있기 때문에, 리더는 조직 내에 정보 발신이나 정보 수집을 위한 다양한 미디어를 구축하도록 노력하지 않으면 안 된다.

여기서는 리더의 의도를 구성원에게 전달하는 미디어로서 '규칙'을 활용한다고 하는 점을 소개하고자 한다.

조직은 복수의 인간에 의해 구성된 하나의 협동체이며, 그 활동성과를 높이기 위해서는 아무래도 어떤 일정의 정해진 규칙이 필요하게 된다. 그것이 규칙이다. 누가 어떠한 역할을 담당하고, 어떤 목표를 향하여 행동해야 하는 것인가, 혹은 조직의 성과를 어떠한 기준으로 구성원에게 배분하는 것인가 등의 규칙이 없으면 전체를 통제 할 수도 없고 변화를 도모할 수 없으며 조직은 혼란스럽게 된다.

규칙은 이와 같이 개개인의 활동을 어떠한 방향으로 규정하기 위한 것으로 바꿔 말하면 조직 내의 복잡성을 줄이기 위해 설정되는 것이나, 규칙에는 또 다른 한 가지 측면이 있다. 그것이 리더의 의도를 구성원에게 전하는 전달 매체라고 하는 역할이다.

규칙이 전달 매체의 역할을 완수하는 것을 이해하기 위해 일본의 고도 성장기 아래의 인사 시스템인 연공서열형 임금제도나 퇴직금 제도를 예를 들어 설명하겠다. 이들 제도는 다음 3가지 메시지를 구성원에게 발신하고 있다고 해석할 수 있다.

① 조직 내에 있어서 연령 그 자체로 가치가 있다.

② 조직이 장기적인 근속을 장려하고 있다.

③ 조직으로부터 도중에 퇴직하는 것은 구성원에게 있어서 보면 금전적인 손해가 크다.

이것을 다르게 표현하면 "회사로서는 사원 여러분이 오래 근무하길 희망하고 있습니다. 그러기 위하여 급여는 후불로 나이가 많아 진 후 지불하겠습니다. 도중에 퇴직하는 일 따위는 생각하지 말아주십시오"가 된다.

전달 매체는 규칙을 통하여 조직의 생각이나 리더의 의도를 짐작한다. 규칙을 통해 조직과 간접적인 커뮤니케이션을 하고 있는 것이다.

이와 같이 규칙은 전달 매체의 역할을 한다. 즉 새로운 규칙을 도입하거나, 기존의 규칙을 개정하거나 하는 것은 반드시 일정한 '메시지'가 있게 되는 것이다. 이것을 반대로 생각하면, 리더는 자신의 목소리가 조직의 말단까지 도달하기 어렵게 된 때에는 규칙의 제정이나 개정으로 자신의 사고를 조직에게 전달할 수 있는 것이다.

규칙에 의해 운영 방향을 나타낸다

조직에는 크고 작은 다양한 규칙이 있으나, 그 중에서도 역할, 평가, 보수, 교육, 근무, 채용, 퇴사 등의 규칙은 구성원에게 메시지를 전달하는 절호의 미디어이다. 각각의 사용 방법을 설명하면 다음과 같다.

● 역할 규칙

조직도를 생각하면 이해하기 쉽다. 조직전체를 어떻게 구성하고 구분하는가는 리더의 의도를 반영한다. 조직도는 지시명령계통도라고도 생각되기 때문에 과거의 공로에 따라 연공적인 등용을 할 것인가, 능력과 성과에 따라 실력주의적인 인재 등용을 단행할 것인가, 그 정도를 어떻게 할 것인가 등이 결과로서 표현된다. 구성원은 어떠한 조직 개정이 이루어지고 있는가, 조직이 누구에게 어떠한 역할을 맡기는가 등의 다양한 메시지를 보내는 것이다.

● 평가 규칙

감점주의 인사평가를 할 것인가, 가점주의 인사평가를 할 것인가. 전자의 경우는 업무수행의 확실성을 중시하는 리더의 생각이 반영되고 후자의 경우는 확실성 이상의 도전적 행동을 장려하는 메시지가 발신된다. 원래, 평가 항목에 어떠한 사항을 포함시킬 것인가는 구성원을 어느 방향으로 가게 하는 절호의 미디어가 된다.

● 보수 규칙

급여나 상여 등의 보수에 관한 제도는 특히 메시지 성이 강하다. 연공임금과 같이 후불 장치를 도입할 것인가, 즉시 청산적 제도로 할 것인가. 보수의 격차를 적게 할 것인가. 크게 할 것인가. 나아가 도대체 무엇에 대해 보수를 지불할 것인가. 중점 시책에 대해 성과제도를 도입하는 것은 대단히 이해하기 쉬운 메시지 발신이 된다.

● 교육 규칙

전원 일률적인 교육 제도를 도입할 것인가, 선발형 교육 제도를 도입할 것인가. 경력 코드는 한 개의 코드인가 두 개의 코드인가. 충성심이나 집단 조화를 충분히 가르칠 것인가, 스킬이나 창조성을 중시하는 교육을 실시할 것인가. 회사 주도로 교육 기회를 결정할 것인가, 본인의 희망을 고려하여 과정을 준비할 것인가. 교육에 관한 제도는 그 조직에 있어서의 있어야 할 인재상을 전달하는 수단이 되기도 한다.

● 근무 규칙

노동 시간을 정확히 관리할 것인가, 관리 대상을 업무 성과로 할 것인가. 근무 복장 등에 제한을 둘 것인가, 개인의 재량에 맡길 것인가. 업무 스타일에 관한 규칙은 운용과 함께 구성원에 대해 일종의 규범을 표명하는 도구가 된다.

● 채용 규칙

초대졸 채용을 중시할 것인가, 경력자 채용을 중시할 것인가. 고용형태를 일원화하여 동질의 인재를 구할 것인가, 다양한 고용형태를 용의하여 다양한 업무 방식을 허용할 것인가. 인재를 채용할 때 어떠한 인물상을 설정할 것인가. 채용 활동에 어느 정도 조직의 자원을 할당할 것인가. 채용 활동은 인사부문 주체로 행할 것인가, 현장 부문에 권한을 위양할 것인가. 채용에서 리더가 어떠한 자세로 임하는가는 구성원에게 인재에 대한 사고방식을 전달하는 절호의 기회가 된다.

● 퇴사 규칙

연령을 축으로 하여 일률의 퇴직 제도를 채용할 것인가, 개인 격차를 둘 것인가. 조기 퇴직을 촉진할 것인가. 퇴직금 제도를 채용할 것인가, 폐지할 것인가. 퇴직관리에 대한 리더의 사고방식이 구성원의 채용 설계에 주는 영향은 크다.

이상과 같이 다양한 규칙을 활용하는 것으로 리더는 조직의 구석구석까지 자신의 의도, 운영 방향을 나타낼 수 있다. 특히, 조직을 크게 변화하고 싶은 경우에는 상기의 다양한 규칙을 서로에게 모순을 발생시키는 일 없이 일제히 어떤 방향으로 개정하는 것으로 구성원의 사고나 행동을 변화시킬 수 있다.

다만, 여기서 주의하지 않으면 안 되는 것은 규칙이 리더가 의도하지 않은 메시지를 발신해 버리지 않도록 하는 것이다.

신규 고객 개척 캠페인에 거액의 성과제도를 도입한 결과 신규 개척에 노력해 주었으면 한다고 하는 의도를 전달하고자 하는 것이 받아들이는 측에는 기존 고객에는 손을 떼도 좋다고 하는 것이 전달되어 버리는 경우도 종종 있다.

당신이 리더로서 조직의 개혁에 관여할 때에는 기존 규칙이 발하고 있는 메시지와 당신의 의도 양쪽의 정합성을 자세히 조사할 것을 권하고 싶다.

돌 파

규칙으로 성장단계 부전증을 돌파한다

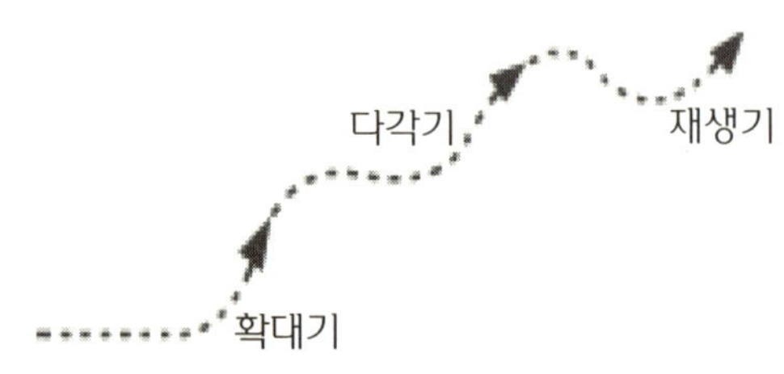

상황에 맞는 메시지를 보낸다

원칙 11에서 다룬 것처럼 어떠한 조직도 거의 예외 없이 일정한 성장 과정을 거친다. 리더십이 그 가치를 발휘하는 것은 특히 조직의 발전단계가 바뀔 때이다. 조직을 변화시키지 않으면 안 되는 단계에서 강한 리더십을 발휘할 수 있는가, 그리고 돌파를 실현할 수 있는가에 리더의 진가가 요구된다.

초창기부터 확대기 그리고 다각기, 나아가서는 재생기라고 하는 변화 속에서 구성원의 역할분담이나 평가, 혹은 보수 등에 관한 다양한 규칙을 잘 조정하여 상황에 맞는 메시지를 보내지 않으면 안 된다. 여기서는 확대기, 다각기, 재생기로의 이행 시에 리더가 다양한 규칙을 어떻게 관리해야 하는가에 대해 해설하고자 한다.

확대기로의 이행에 있는 어떤 조직의 최대 주체는 고객 기반의 확충과 상품 서비스의 표준화이다. 그러나 인원의 증가에 의해 조직 내의 관계성이 복잡해지고, 업무의 누락, 중복 등의 혼란 상태가 계속되는 것이 이 시기의 특징이다.

확대기의 리더에게 있어서 가장 중요한 것은 복잡성을 줄이고, 입구 관리를 철저히 하는 것이다. 특정 인재에 의존하는 상태에서 인재 시스템의 상태로 전환할 수 있는가가 과제가 된다. 또한 업무과다에 빠져 있는 구성원의 동기부여를 얼마나 정식화나 표준화 방향으로 향하게 하는가가 내부를 통합하는데 있어서의 주제가 된다.

조직 내에서는 구성원간의 커뮤니케이션 경로(= 관계성)의 수가 증가하고 있기 때문에, 리더는 경로의 정비와 일정한 질서 만들기를 목적으로 한 규칙을 도입하지 않으면 안 된다.

구체적으로는 조직 내의 혼돈 상태를 기능별, 지역별, 상품별 등 단위로 분화시켜 정리하는 것이다. 이것들을 가로 방향으로의 분화라고 한다면, 동시에 세로 방향의 분화를 추진하는 것도 필요하다. 즉 조직 내의 상하 관계를 명확화 하는 것이다. 각 단위별 커뮤니케이션의 접점으로서의 관리자를 배치하고, 그 책임과 권한범위를 명확히 한다.

나아가 이 단계에서는 초창기에는 문제되지 않았던 애매함이나 불투명함이 문제로 분출되기 때문에, 평가나 보수면에서의 불투명함을 개선하고, 어떤 계층이나 계급을 설정하여 모든 구성원을 그 안에 위치시킨다. 누가 누구에게 지시를 내리고, 어떠한 성과를 내면 어느 정도 보답 받는가에 관한 지침을 공유하는 것이다.

확대기로 이행하기 위한 리더십은 명확화, 명문화, 기구화, 표준화가 주된 테마이며 돌파의 포인트인 것이다. 과도한 규칙 설정은 반대로 조직 내의 복잡성을 높이고, 효율을 저하시키므로 주의가 필요하다. 규칙에 관해서도 필요 최소한의 애매함을 의식적으로 남겨 두는 것이 성공의 열쇠를 쥔다.

기존 사업과 새로운 사업의 양립시킨다.

다각기로의 이행 시에는 기존 사업과 새로운 사업의 대립부분을 양립시키는 것이 주제가 된다. 기존 사업에 관해서는 경쟁해 온 경합기업에 대해 명확한 차별화를 하는 것이다. 그리고 기존의 경영 자원을 응용 및 확대하여 새로운 사업 영역의 진출을 완수하는 것이다. 이 시기는 리더와 미들 간부와의 거리는 더욱 커지고 조직 전체의 통일감도 희미해진다.

이 시기의 리더십의 주제는 다양성을 묶는 것이다. 직종, 거점, 계층, 입사 시기 등의 모든 면으로 분화가 진행되는 것으로부터 이에 따른 다양한 요구가 조직 내에 형성되기 시작한다. 다양성이 가져오는 강점을 발휘하면서도 한편으로 조직 전체로서 어느 정도의 일체감을 만들어 내는가가 포인트가 되는 것이다.

조직이 어느 정도 분화해도 어느 정도 다양화가 진행되어도 전체적으로는 구성원의 동기부여를 하나의 방향으로 묶어 전체로서의 연결감을 양성하는 것이 필요하다. 실로 고도의 복잡한 리더십이 필요해 진다.

새로운 상품 서비스의 탄생과 함께 조직은 사업별 상품 서비스별로 한 층의 분화가 진행되나, 새롭게 분화한 단위에 기존의 규칙을 그대로 적응시키는 것은 어렵다. 구성원의 평가에 관해서도 기존의 단위와 같은 방법으로는 문제가 발생하는 경우가 있다. 조직의 분화에 따른 규칙의 설계에 관해서는 공동규칙(조직 전체로서의 공통 규칙)과 외부규칙(단위별로 운용을 맡기는 부분)로의 구분과 균형이 중요하며, 획일적으로 공동규칙을 적용하는 것만으로는 신사업의 시작 속도를 둔화시키는 것이 된다.

또, 구성원의 배치나 이동에 관해서도 단계적 이행이 필요하게 된다. 확대기에는 경쟁 원리를 도입한 결과로서 우수한 인재를 떠맡고자 하는 심리가 각 틈새에서 양성되고 있다. 그래서 일정 규칙을 설정하지 않으면 유연한 인적 자원의 배치를 할 수 없게 된다. 사업이나 거점, 직종이나 계층에 따라 분화가 진행되는 다각기에서는 개개인의 경력 희망을 흡수하는 구조 만들기도 병행하여 행하는 것, 조직 내에 인재 시장을 구축하는 것이 돌파의 요건이 된다.

변화의 실현된 상태를 반복적 전달한다

재생기에 돌입한 조직에서 리더십을 발휘하는 것은 가장 에너지를 필요로 한다.

이 단계에서 환경 적응상의 최대 주제는 고객의 취사선택과 비즈니스 모델의 재구축이지만, 조직 내부에는 강한 과거습성이 작용하고 있다. 변화의 두려움이나 분열주의의 횡행 등에 의해 조직 내의 커뮤니케이션이 저하되고 새로운 변화에 대하여 행동이 저하되어 버릴 우려가 있다.

일부 구성원에게는 조직에 대한 무관심이 횡행하고, 많은 구성원은 새로운 변화에 적응을 하지 못하고 소외감에 못 견디는 상태가 된다. 동기부여의 저하 문제도 심각해진다. 이 시기의 리더십의 주제는 파괴와 창조이다. 변화의 싹이 조직 내에 발아할 때까지, 강력하게 있어야 할 모습을 계속하여 호소하고, 작은 변화에 빛을 비추어 커다란 조류로 키우는 전략적인 사고를 가지고 변화를 완수하고자 하는 결심이 필요하다.

재생기에 리더십을 발휘하는 규칙을 외부지향의 양성과 권한의 이행과 재분배를 촉진하는 방향으로 개정하지 않으면 안 된다.

이제까지의 발전과정에서 업무과정이나 절차가 복잡하고, 그것을 관리하는 규칙이 구성원 사이에 내부 지향이나 개별 최적 지향을 양성한다. 이것을 타파하기 위해서는 고객관리에 있어서 새로운 변화 행동을 촉진시키는 제도 변경, 종래의 계층이나 권위의식을 옅어지게 하는 제도 변경이 필요한 것이다.

업적 관리를 하는 단위의 묶음은 종래의 과(課)나 부(部)라고 하는 단위에서, 한 단계 수준을 올려 지점 사업부 단위로 변경하지 않으면 안 된다. 이와 같이 업적관리 단위를 작은 단위에서 큰 단위로 끌어올리는 것에 의해 작은 단위에서의 개별 행동을 개선시켜 전체 최적화에 유효한 행동을 이끌어 내는 효과를 기대할 수 있다.

또한 권한의 이행을 원활하게 촉진시키기 위해 이제까지 진행해 온 종속적 권한의 계층을 플랫(flat)화 하는 것, 이른바 큰 틀로 다시 묶는 것도 단행하지 않으면 안 된다. 그렇게 하는 것으로 젊어도 변화에 공헌할 수 있는 능력이나 지향을 갖고 있는 인재를 등용할 수 있는 규칙 인프라의 구축을 서두르지 않으면 안 되는 것이다. 다소의 마찰이 일어나도 이와 같은 규칙 변화를 단행하지 않으면 돌파 할 수 없다.

이들 일련의 규칙 개혁은 어떠한 의미에서 기득권의 이익의 박탈로 이어지기 때문에 반드시 저항세력이 대두한다.

불필요한 혼란을 피하기 위해서도 리더 자신이 새로운 비전을 보이고, 변화가 실현되었을 때의 이상적인 상태를 반복적으로 이야기하는 것으로 변화의 끊임없는 의심이나 변화가 두려워서 저항을 최소한으로 저지할 수 있도록 노력하지 않으면 안 된다.

여기서 기술한 바와 같은 조직의 변화기 단계에 있어서 규칙관리는 리더에게 있어서 가장 난이도가 높고 동시에 가장 흥미 있는 업무라고 할 수 있을 것이다.

적재적소

업무특성과 구성원의 지향점을 찾는다

구성원에게는 4가지 타입이 있다.

리더의 갈등은 비전의 달성을 향한 조직으로서의 최대 효율의 추구와 개개인의 동기부여의 극대화라고 하는 대립사항의 통합이다. 이 2가지 상반되는 사항을 동시에 실현시키기 위해서는 적재적소를 추구하는 것이다. 즉 개개인의 에너지를 최대한으로 이끌어 낼 수 있도록 구성원의 역할을 설계하지 않으면 안 된다.

리더는 다양한 규칙을 상황에 맞게 관리하지 않으면 안되지만 그 중에서도 역할의 설계＝역할 규칙은 가장 중요한 위치를 차지한다. 개개인에게 어떠한 역할을 할당하는가에 따라 조직이 만들어 내는 성과에는 커다란 차이가 발생하기 때문이다.

리더는 외부환경이나 구성원의 특성을 파악하여 적재적소가 실현되도록 업무의 특성과 구성원의 지향성을 결합시키도록 신경 써야 한다. 그러기 위해서는 구성원의 직무지향을 확실히 확인하길 바란다. 각각의 구성원에게는 그 지향에 따라 다소간의 잘하는 것과 못하는 것이 있다. 여기서는 구성원의 직무 지향의 특징을 4가지 타입으로 나누어 소개한다.

먼저, 환경이나 업무의 특성으로부터 지향하는 타입은 2가지로 분류할 수 있다.

〈 헌터 타입 〉

이 타입의 인재는 종래의 제도나 개념에 얽매이지 않고, 새로운 분야에 도전하고자 하는 지향을 가진다. 변화, 개혁, 개척을 좋아하고, 새로운 영역에서 시행착오를 하면서 순발력을 발휘하여 성과를 내고자 하는 수렵민족이다.

헌터 타입은 불투명한 환경, 미개척 분야, 변화가 심한 시장에서 파워를 발휘한다. 상품의 생명력이 짧고 높은 상품이나 기술을 단기 승부를 하지 않으면 안 되는 업계나 업무에 어울리고, 변화력, 모험력, 기동력, 순발력 등이 중시되는 업무에서 그 적성을 충분히 발휘한다.

조직의 발전 단계에서는 성공 패턴을 모색하는 단계인 초창기나 변화를 추구하는 재생기에 이 타입이 중요한 역할을 다하는 경우가 많다.

〈 농부 타입 〉

이 타입의 인재는 기존의 구조나 사고방식을 답습하여 특정영역의 경험을 축적하고자 하는 지향을 가진다. 발본적인 개혁보다도 운용, 개선, 숙달을 좋아한다. 자신의 담당 업무를 차분하게 심화시켜가면서 현재 상태를 유지하고자 하는 농경형이다.

농부 타입은 경험이 중시되는 분야, 안정된 시장에서 파워를 발휘한다. 안정하게 성장하고 있는 시장에서 상품의 라이프 사이클이 비교적 긴 업계, 구조의 유지나 정확한 운용이 요구되는 업무에 어울리고, 계획력, 정확력, 지속력 등이 중시되는 업무에 강하다. 조직의 발전 단계에서는 일정한 성공패턴을 확대 재생산하는 확대기나 다각기에서의 구사업의 생산성 향상이라고 하는 측면에서 중요한 역할을 다하는 경우가 많다.

헌터도 농부도 조직에는 필요하다. 헌터가 발견해 온 사업의 싹을 차분히 키워 가는 것이 농부타입의 역할이며, 농부타입이 유지해 온 방법을 환경변화에 맞추어 발본적으로 개혁하는 것은 헌터 타입이 자신 있어 하는 바이다.

헌터뿐인 집단은 이익을 최대화하기 위한 확대 재생산이 소홀하게 될 우려가 있고, 농부뿐인 집단에서는 환경 적응에 늦어질 가능성이 있다. 리더는 환경이나 사업의 특성을 고려하면서, 헌터 타입과 농부 타입의 상승효과를 만들어 내게 하는 역할 설계는 생각할 필요가 있다.

조직 전체를 T자형으로 만든다

다음은 업무의 성과를 조직지향점으로 할지, 개인지향점으로 할지 하는 분류이다.

〈 종합관리자 타입 〉

이 타입의 특징은 조직이나 직장의 일체감을 중시하는 것이다. 개인의 전문성보다도 조직으로서의 성과를 높이는 것에 동기부여를 느낀다. 좁고 깊은 지식이나 기능보다도 광범위한 지식이나 경험을 가지려고 하고, 조직을 이끄는 것이나 인재를 키우는 것에 기쁨을 느낀다. 조직에 일정의 서열을 도입하지 않으면 안 되는 확대기에는 이 타입을 중용하는 것으로 조직의 안정이 가능하게 된다.

〈 전문가 타입 〉

이 타입은 개인의 전문성(지식이나 기술)을 중시한다. 조직의 일체감보다도 전문 능력의 추구를 지향하고 자립적으로 자기의 재량으로 업무를 진행하는 것에 동기부여를 느낀다. 넓고 얕은 지식보다도 특정 분야에서의 깊은 지식이나 기능을 가지려고 하고, 자신의 전문성 발휘, 새로운 기능의 획득에 기쁨을 느낀다. 개인의 기술에 의존하는 단계인 초창기나 새로운 사업을 시작하는 다각기에 이 타입의 인재가 중요하게 된다.

어떠한 조직에서도 종합관리자와 전문가가 일정한 균형으로

병존하는 것이 바람직하다. 어느 한쪽으로 기울면 조직이 충분히 기능하지 않게 되기 때문이다.

예를 들면 조직이 작은 벤처 회사에서는 전원이 기술 전문가인 경우도 많지만, 조직을 확대시키기 위해서는 종합관리자에 의한 전체 통제 즉 관리가 필요하게 된다. 어느 정도의 규모에서 성장이 멈추어버리는 벤처 집단은 종합관리자가 부족한 경우가 많다.

반대로 대기업이 종합관리자만을 육성했기 때문에 환경 변화에 따른 새로운 전문가를 시장으로부터 요구받고 있음에도 불구하고, 전문가 부족이나 그 활용에 고민하는 사례도 눈에 띈다.

특정 전문성과 관리 능력을 함께 갖춘 T자형 인재가 이상적이라고 말하여 지지만 현실적으로는 모든 구성원에게 T자형을 기대하는 것은 어렵다. 리더는 개개인의 특성을 파악한 후, 조직 전체로서 다이나믹한 T자형을 만드는 것을 지향해야 할 것이다.

리더에게 요구되는 것은 조직으로서의 최대 효율의 추구와 개개인의 동기부여 극대화라고 하는 대립 사항을 통합하기 위해 최적의 역할을 설계하는 것이다. 격심한 기업환경에 직면하고 있을 때에는 헌터 타입을 중용하고, 일정한 성공 패턴을 발견한 때에는 농부 타입을 중용하여 그 영역을 경작하도록 한다.

또한 전문가 타입의 창조성이나 기술에 의해 시장이 확대기조에 들어섰다고 판단되면 종합관리자 타입의 조달이나 양성을 서두르고 동시에 기술이나 지식의 진부화가 진행할 때에는 전문가를 중용하는 것이 성장의 비결이다.

그리고 리더 자신이 자신의 타입(=지향성)을 숙지해 두여야 한다. 헌터 타입의 리더에게는 농부 타입의 참모가 필요하고, 농부 타입의 리더는 헌터타입의 참모가 필요하다. 종합관리자 타입의 리더에게는 전문가의 존재가 필수이며, 전문가 타입의 리더에게는 종합관리자 타입의 참모에게 지지 받는 것으로 조직을 발전시킬 수 있다.

조직은 다양한 지향과 능력을 가진 복수의 인간의 모임이기 때문이야말로 혼자서는 할 수 없는 것이라도 힘을 모으면 이룰 수 있는 것이다.

구성원의 특성을 살려 최대 성과를 만들어 내는가 어떤가는 리더의 역할 설계능력에 의한 것이 크다. 우수한 리더는 업무특성과 구성원의 지향성을 결합시키는 천재인 것이다.

포트폴리오

욕구타입과 보수내용을 결집시킨다

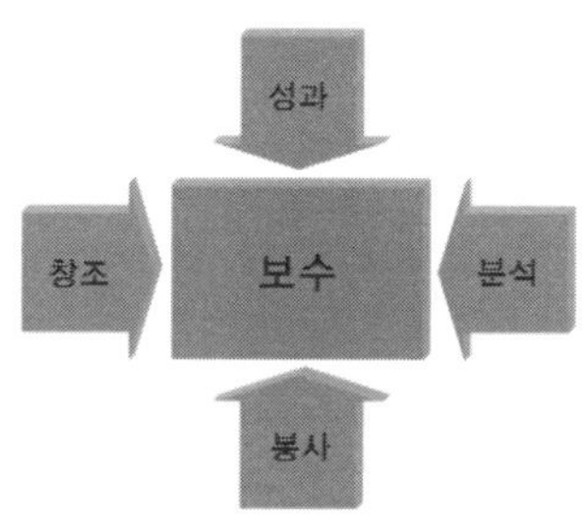

4가지 욕구의 특성을 파악한다

여기서는 구성원의 보수를 설계하는데 있어서 유효한 분류법을 소개한다. 그것은 개개인의 사고나 행동의 욕구 특성이다.

전항에서 소개한 것은 직무에 대한 지향성의 분류법이나, 여기서 소개하는 것은 보다 근원적인 동기부여 특성으로 파악해 주었으면 한다. 이는 5만 명 이상에게 실시한 앙케트enquête(자문조

사법)를 근거로 욕구 특성을 크게 4가지로 분류하고 있다. 그 분류방법은 구성원의 동기부여 환기에 활용할 수 있을 뿐만 아니라, 보수 규칙의 설계에도 응용할 수 있다.

먼저 타인과 관계하는 방법이라고 하는 측면에서 2가지의 욕구 특성을 소개한다.

〈 성과 욕구 〉

성과 욕구의 특징은 자력본원에서 강하게 있는 것을 바라고 타인에 대한 의존을 피하고 싶다. 성공하고 싶다. 타인보다 뛰어나고 싶다고 하는 달성 지배형의 욕구 특성이다. 일반적으로 "승·부, 적군·아군"이라고 하는 키워드에 반응한다.

성과 욕구를 가진 사람에게는 과정보다도 성공이나 승리라고 하는 결과를 중시하는 경향이 있고 높은 목표를 향하여 주체적, 자립적으로 움직이고자 하는 욕구가 있다.

그렇기 때문에 그 동기부여를 자극하기 위해서는 업무의 성과를 숫자 등으로 명확하게 나타나는 업무를 담당시키거나, 혹은 라이벌을 설정하여 경쟁적인 환경을 용의하는 것이 효과적이다. 또한 사람 위에 서서 커다란 영향력을 발휘하고 싶다고 하는 욕구도 강하기 때문에 리더적인 역할을 주는 것도 유효할 것이다.

한편으로 목표나 결과가 애매한 업무에는 스트레스를 받기 쉽기 때문에 정상적인 부분에 관해서도 무언가의 지표를 설정하여 달성인가 미달성인가, 승리인가 패배인가, 성공인가 실패인가를 명확히 검증 가능한 목표를 부여하는 것이 좋다.

드라이브 욕구의 사람에게 있어서의 보수는 자신의 권한이나 책임범위가 확대하는 것이나 조직을 총괄하는 것 같은 포지션이다. 리더는 이러한 것을 시야에 넣어 효과적인 보수의 부여 방법을 실천하였으면 한다.

〈 봉사 욕구 〉

봉사 욕구의 특징은 타인과의 협조를 바라고 주위의 기대에 응하고 싶다, 타인으로부터 사랑 받고 싶다, 타인에게 감사받고 싶다 라고 하는 공헌 봉사형 욕구 특성이다. 일반적으로 선과 악, 애정과 증오 등의 키워드에 반응한다.

봉사 욕구를 가진 사람은 성공이나 승리보다도 과정을 중시하는 경향이 있으며 자신의 일보다도 타인의 공헌을 의식하고, 양호한 인간관계를 유지하고 싶다고 하는 욕구를 가진다.

그 동기부여를 자극하기 위해서는 타인의 공헌감을 가질 수 있는 업무를 담당시키거나, 누구에게 어떻게 도움이 되고 있는가 하는 피드백을 얻기 쉬운 환경을 만들어 주거나 하는 것이 효과적이다. 업무의 의미나 주위의 공헌도를 확실히 전달하고, 그 공헌에 대해 감사나 위로를 하는 것이 동기부여를 향상시키는 요인이 된다.

봉사 욕구의 사람은 리더를 확실히 지지하는 보좌를 좋아하는 인재가 많다. 반대로 심하게 경쟁적인 환경에 몸을 두면 스트레스를 받기 쉽기 때문에, 협력적이고 평온한 환경이 중요할 것이다.

봉사형 욕구의 사람에게 있어서의 보수는 주위로부터의 감사나 격려의 소리, 양호한 팀워크, 동료와의 교류 기회 등이다. 봉사형 욕구의 구성원에 대해서는 지위나 권한보다도 공헌도를 제공하도록 노력하였으면 한다.

다음으로 사물을 받아들이는 방법이나 판단 방법이라고 하는 측면에서 2가지의 욕구 특성을 소개한다.

〈 분석 욕구 〉

분석 욕구의 특징은 객관적인 시점을 가지는 것을 바라고, 모든 사상을 분석적으로 파악하고 싶다, 복잡한 일을 해명하고 싶다, 그러기 위해 사고의 예민함을 익히고 싶다고 하는 논리 탐구형 욕구 특성이다. 일반적으로 진·위, 우·열 등의 키워드에 반응하는 경향이 강하다.

분석 욕구를 가진 사람은 감정이나 감각보다도 합리나 논리를 중시하는 경향이 있어, 사물의 구조를 규명하는 것이나 미지의 영역을 탐색하는 것에 강한 욕구를 가진다. 그 동기부여를 자극하기 위해서는 사고를 깊게 하여 분석력을 발휘할 업무나 합리적인 답을 도출하는 것 같은 업무를 주는 것이다.

엉성한 사물이나 합리적인 의미 부여가 불가능한 업무에 대해서는 스트레스를 받기 때문에 무조건 '어쨌든 달려!' 라고 하는 기세나 행동 중시의 군대적인 환경에는 익숙해질 수 없다. 그 업무의 배경이나 의의, 상위 목적과의 정합성을 논리적으로 전달하여 충분한 납득을 얻는 것이 중요하다.

분석 욕구의 사람에게 있어서의 보수는 새로운 지식을 획득할 기회, 자기 성장의 기회, 전문가로부터의 지도 등이다.

〈 창조 욕구 〉

창조 욕구의 특징은 사물을 감각적으로 받아들이려고 하고, 자유로운 발상을 가지고 싶다, 자신의 아이디어를 표현하고 싶다, 개성적인 존재이고 싶다고 하는 심미 창조형 욕구 특성이다. 일반적으로 미·추, 호·혐 이라고 하는 키워드에 반응하는 경향이 강하다.

창조 욕구를 가진 사람은 합리보다도 감정이나 감각을 중시하는 경향이 있어, 풍부한 창조력을 발휘하거나 사물을 감각적으로 파악하여 감성으로 표현하고자 한다.

그 동기부여를 자극하기 위해서는 변화의 느낌이나 다양성 있는 업무, 혹은 변화가 기대되는 환경을 주는 것이다. 기존의 상세한 규정이나 딱딱한 틀에 얽매이는 것에는 스트레스를 받기 쉽기 때문에 방법이 매뉴얼로 정해져 있는 업무, 개성이나 아이디어를 발휘할 여지가 적은 업무에는 적당하지 않다.

이 타입의 인재에게 스트레스 없이 움직이게 하기 위해서는 그 사람의 시점이나 아이디어에 귀를 기울이는 것, 그리고 사물의 큰 틀만을 주고 창의 궁리에 맡겨 행동시키는 것이 포인트이다.

창조 욕구의 사람에게 있어서는 아이디어나 시점에 대한 존중이나 개성의 발휘 기회, 자유로운 발상에서의 변화를 기대하는 것이 최대한의 포상이 된다.

인재 포트폴리오의 시점을 가진다

이상과 같이 사고나 행동의 욕구 특성에 따라 어떠한 업무에서 에너지를 발휘하는가, 동기부여가 높아지는가, 혹은 무엇이 보수로서 의미를 갖는가는 실로 다양하다. 또한 욕구 특성에 따라 상성(相性) 좋은 조합도 있다. 성과와 봉사가 상호 협조하면 성과가 높아지고, 분석과 창조는 서로 보완하면 최고의 팀이 될 것이다.

역할을 설계 할 때에도 전원을 어떤 일정한 틀에 맞추어 동일한 행동이나 사고를 요구해도 조직으로서 높은 효과는 기대할 수 없다. 리더에게 요구되는 것은 인재 포트폴리오의 시점이다. 리더는 구성원의 욕구 특성을 파악하여, 한정된 인적 자원의 유효 활용, 그리고 보수 자원의 효과적인 배분을 행해야 하는 것이다.

자신이 이끄는 조직은 어떠한 포트폴리오로 성립되어 있는가를 분석하여 환경에 비추어 적절한 것인가를 묻고, 나아가서는 그들의 동기부여를 유발하는 보수 요소와 현재의 보수 내용은 내치하고 있는가를 다시 점검하는 것이 중요하다. 최적의 인재 포트폴리오의 실현은 생산성의 향상과 보수자금의 절약이라고 하는 효과가 있는 것이다.

함 정

규칙관리의 3가지 함정에 주의한다

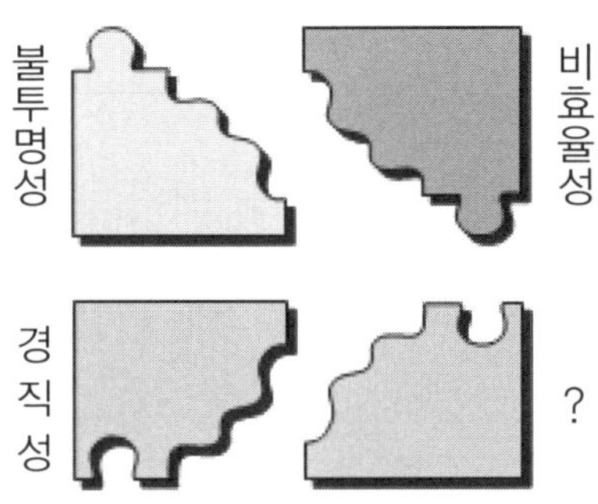

규칙의 그림자 부분을 이해한다

원칙 19에서 언급한 바와 같이 규칙은 리더의 의도를 전달하는 절호의 미디어이며, 리더는 규칙을 잘 관리하는 것에 의해 구성원의 사고나 행동을 바람직한 방향으로 바꾸어 조직의 성장을 높일 수 있다.

그러나 규칙은 만능약이 아니다. 사물에 빛의 부분과 그림자 부분이 반드시 내포되어 있듯이 규칙에는 손실, 위험이 존재한다.

리더는 규칙의 숨겨진 그림자 부분을 간과해서는 안 된다.

여기서는 규칙에 숨겨져 있는 3가지의 함정 불투명성, 비효율성, 경직성에 대해 자세히 설명하고자 한다.

① 제1의 함정 = 불투명성

규칙은 아무리 상세하게 정해도 결코 현실화 할 가능성이 있는 사태를 완벽하게 투명한 형태로 나타낼 수 없다.

미국에서 실제로 있었던 일로 젖은 고양이를 말리고자 전자레지에 넣어 고양이를 죽여 버린 주인이 전자레인지 제조회사에 대해 소송을 걸었다고 하는 이야기가 있다. 취급설명서에는 전자레인지에 고양이를 넣어서는 안 된다고 쓰여 있지 않았다고 하는 것이 이유이다.

예를 들면 이 제조 회사가 그 후 고양이에 관한 주의 사항을 설명서에 넣었다고 하자. 그러나 이번에는 그럼 개는 괜찮은가, 잉꼬는 어떤가 하는 이야기가 되어 버린다. 그러나 동물이라고 하는 것도 안 된다. 소고기나 돼지고기는 어떻게 되는가 라고 하는 논의를 불러 일으켜 버리기 때문이다. 즉 규칙으로 상정 불가능한 미래에 대해 사전에 완벽하게 규정하는 것은 불가능한 것이다.

조직내의 규칙에 관해서도 동일한 사태가 일어나기 쉽다. 역할이나 평가 및 보수 등에 관한 모든 규칙도 완전히 투명한 상태를 만드는 것 따위는 불가능하다. 역할에 관해서 모든 사태를 상정하여 그 구성원에게 요구하는 모든 행동을 사전에 기술하는 것은 불가능하다.

또한 평가나 보수의 규칙에 관해서도 상세하게 항목이나 기준을 정하는 데에는 한계가 있다. 평가 항목에 대한 해석의 다의성, 상정할 수 없는 환경 요인 등에 의해 불투명성을 완전히 배제할 수는 없기 때문이다.

이와 같이 규칙에는 우리들이 말이라고 하는 것을 사용하는 이상, 아무리 상세하게 정해도 이러한 경우는 어떤가? 라고 하는 불투명한 부분이 반드시 남아 버린다고 하는 숙명이 있다. 이것을 말의 함정이라고 바꿔 말해도 좋을 것이다.

② 제2의 함정 = 비효율성

또한 규칙의 책정에는 비효율성이라고 하는 함정이 기다리고 있다.

'예외의 예외'에 대해서까지 사전에 규칙을 정해 두면 사태의 투명성을 높일 수는 있으나, 실은 문제의 근원은 여기에 있다. 투명성을 높이고자 할수록 규칙 자체가 복잡하게 많아지게 되어서 실제적인 운영을 할 수 없게 되는 비효율이 발생하게 되는 것이다.

적은 인원으로 시작한 벤처 기업이 어느 정도 인원이 증가한 시점에서, 다양한 조직 규칙(역할·평가·보수 등)을 필요로 하는 것은 리더의 감각만으로 조직을 운영할 수 있는 규모에는 한계가 있기 때문이다. 모든 사항을 리더에게 확인하는 것이 아니라 거기에 일정 규칙이 있으면 각자의 역할이나 책임이 명확히 되어 업무를 수행하는 프로세스로 각자가 자립적으로 판단할 수 있게 된다.

그러나 규칙을 지나치게 자세히 규정하면 반대로 복잡성이 높아져 버린다. 규칙이 지나치게 상세하거나 많으면, 그 본래의 효율화라고 하는 메리트보다도 운용비용의 증대라고 하는 비효율성 쪽이 커지게 되어 버리는 것이다.

예를 들면 우리 사회를 제어하는 법률은 세세한 것이 당연하나 그 때문에 예외 규정도 많고 지나치게 복잡하여 대체로 일반인은 이해할 수 없다. 그래서 그 법률을 해독하여 판단하는 판사라고 하는 전문가를 필요로 한다. 그래도 규칙만으로는 판단할 수 없어 과거의 판례를 읽고 판정을 내린다.

기업으로 바꿔 생각하면 지나치게 복잡하고 상세한 규칙을 만들면, 그것을 운용하기 위해 전문직을 필요로 하게 된다. 그 결과, 틀림없는 판단을 내리기 위해 운동경기의 선수보다도 심판이 많다고 하는 이상한 경우를 초래할지도 모른다. 이와 같은 사태는 한정된 자원을 유효하게 사용한다고 하는 기업 활동의 원칙에 반하여 무의미하다.

일반적으로 큰 조직일수록 가능한 한 누락이 없도록 모든 사례를 상정하여 라고 하는 목적으로 다양한 규칙을 상세히 정하는 경향이 있다. 상세한 규칙을 가지고 있기 때문에 제대로 운용할 수 없고, 반대로 효율의 저하를 초래하고 있는 큰 조직도 많다.

이는 규칙의 도입에 의해 효율을 높이고자 해도 그것이 지나치면 오히려 비효율을 낳는다.

③ 제3의 함정 = 경직성

나아가 규칙에는 경직성이라고 하는 함정이 있다. 원래 애매한 것을 명확히 하기 위해 도입한 일정하게 정해진 것이 한번 규칙으로써 정착하면 이번에는 그것이 전제 사항이 되어 구성원의 사고나 행동을 경직화시킨다.

그 폐해로서 이미 환경이 변화하고 있는데, 종래의 규칙을 고집하는 일이 일어난다. 이미 그 존재 의미를 잃고 있는 규칙이 관성의 법칙에 따라 오랜 기간 끌려 다니는 것이다.

그 규칙이 오랫동안 많은 사람들에게 지지되어 온 경우 혹은, 규칙을 강하게 강제해 온 경우일수록 그것이 환경에 적합하지 않게 된 상황에 있어서도 허상화 하여 계속하여 남는다. 그리고 그 변경에는 막대한 시간과 노력을 요한다.

리더는 그 경직성이나 과거의 관성에 대한 시점을 계속 가지고 있을 필요가 있다. 그렇지 않으면 임기응변으로 환경에 적응하지 않으면 안 되는 조직에 있어서 커다란 위험이 되기 때문이다. 규칙에 따라서 구성원의 사고나 행동을 조정하는 것은 가능하나, 그 반작용으로서의 경직화라고 하는 함정에 빠지지 않도록 하지 않으면 안 되는 것이다.

리더는 구성원의 사고나 행동이 바람직한 것인지 어떤지 그 원인이 과거로부터의 규칙에 기인하고 있는지 어떤지 날카로운 통찰력을 발휘하여 유연하게 규칙을 변경하지 않으면 안 된다.

 리더는 규칙의 그림자 부분 거기에 가라앉은 불투명성, 비효율성, 경직성이라고 하는 3개의 함정을 숙지하여, 원래의 목적인 최대 효율을 추구할 필요가 있다.

 미숙한 리더는 이들 함정에 빠져 스스로를 속박해 버린다. 한편, 뛰어난 리더는 규칙에 과도하게 의존하지 않고 그 효과만을 잘 활용하는 것이다.

신 뢰

상세한 규칙보다 신뢰를 창조한다

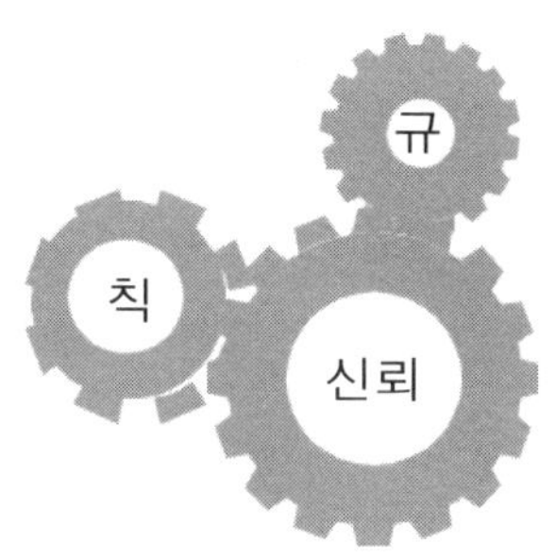

성과주의가 효과를 올릴 수 없는 진정한 이유

앞에서 설명한 바와 같이 규칙으로 구성원을 움직이고자 하는 함정에 빠져 조직의 기능이 부전증에 걸리는 일이 종종 있다.

그럼 3가지 함정에 빠지지 않도록 주의만 하면 조직에 도입한 규칙이 충분히 기능하는 것일까? 그리고 조직의 최대 효율의 추구와 개개인의 동기부여의 극대화라고 하는 큰 테마가 실현될 수 있을 것인가?

실은 그렇지 않다. 더욱 본질적인 문제가 있다. 그것은 신뢰이다. 최근 10년 간 한 시대를 풍미한 성과주의를 예로 들어, 그 본질을 설명하고자 한다.

조직의 공헌 정도, 혹은 개인이 만들어낸 성과에 따라 보수에 격차를 둔다고 하는 성과 주의의 기본적인 사고방식은 구성원의 동기부여를 높이는데 유효한 방법이라는 것은 의심할 여지가 없다. 그럼에도 불구하고 기대하고 있는 성과를 얻지 못하고 반대로 구성원의 동기부여를 낮추는 사태에 빠져 버린 사례가 많다.

이것은 도대체 어떻게 된 것일까? 그 이유는 대부분의 경우 앞에서 기술한 규칙이 가진 함정에 빠졌기 때문이다. 성과주의야말로 조직 재생의 특효약인 것처럼 많은 리더가 선두에 서서 그 도입을 서둘렀다. 그러나 불투명성의 함정에 그리고 비효율성의 함정에 또한 종래의 연공형 제도의 경직성의 함정에 저지되어 충분한 성과를 올릴 수 없었던 것이다.

많은 조직에서는 새로운 성과 대응형 제도가 구성원의 반발 없이 받아들여지도록 신중하게 신제도의 의의나 상세에 내한 실명 비용을 걸었다. 그러나 커다란 성과로 연결되지 못하고 마주하고 있는 상황이다. 그 주된 원인은 이하의 3가지로 정리할 수 있을 것이다.

① 성과주의가 이름뿐으로 실제의 운용에서는 연공서열 요소를 배제할 수 없었다(경직성의 함정)

② 제도를 지나치게 상세하게 되어서 원활한 운용을 할 수 없

었다(비효율성의 함정)

③ 제도가 개인의 성과주의 중심으로 되어서 협조풍토가 무너져 업무에 지장이 생겼다 (성과제도의 함정)

성과주의를 지향한 조직이라면 많든 적든 이상의 3가지 중 어느 것 하나의 문제를 안고 있는 것은 아닐까? 그러나 문제의 본질은 다른 곳에 있다. 그것은 조직 내의 신뢰 관계의 붕괴이다.

연공형제도이든 성과형제도이든 어떠한 규칙도 조직과 구성원, 리더와 구성원 사이에 견고한 신뢰 관계가 구축되어 있다면, 문제는 일어나지 않는다. 반대로 평가하는 측과 평가받는 측에 신뢰 관계가 없으면, 아무리 훌륭한 규칙을 도입해도 아무리 열심히 해도 어차피 정당한 평가는 받을 수 없다 이 평가자의 역량으로는 자신이 보답 받을 리 없다 등의 끊임없는 의심이 생길 뿐이다.

규칙이 가지는 효용을 과신하는 리더는 조직 내의 신뢰 관계라고 하는 관계가 무너지고 있는 상황임에도 불구하고 규칙에 근거하여 강제적으로 구성원의 사고나 행동을 바꾸려고 한다. 북풍과 태양의 이야기에 비유하면 춥고 강한 북풍을 불어, 리더의 생각대로 사람을 움직이려고 하는 것이다. 그리고 많은 경우 실패로 끝난다.

신뢰라고 하는 관계가 조직의 여러 곳에서 끊어져 있기 때문에, 새로운 규칙이 구성원에게 받아들여질 리가 없다. 구성원으로부터 보면 의심스러움이나 불만이라고 하는 심리가 앞서 어떠한 규칙이 도입되어도 순수하게 받아들일 수 없는 것이다.

극단적으로 말하면, 상세히 정해진 것이 아무것도 없어도 조직 내에 특히 평가하는 측과 평가받는 측과의 사이에 견고한 신뢰 관계만 있다면, 평가나 보수의 결정 시에 큰 문제는 생기지 않는다. 물론 현실에서는 일정한 규칙이 없으면 기업활동은 혼란을 일으키게 되나, 규칙과 신뢰의 균형이라고 하는 관점에서 보면, 많은 조직이 조속히 몰두하지 않으면 안 되는 주제라는 것은 명백하다.

리더가 에너지를 쏟아야 하는 것은 조직 내에 신뢰를 창조하는 것과 신뢰를 회복시키는 것이다.

규칙에 어느 정도의 애매함을 남긴다

불투명성이나 비효율성이라고 하는 함정에 빠지지 않기 위해서는 규칙에 어느 정도의 애매함을 남기는 것이 필요하다. 어느 일정 수준을 넘어서 투명성을 추구해 버리면 반대로 비효율이 생겨버린다. 이 함정에 빠지지 않기 위해서는 적절한 애매함을 의식적으로 남기지 않으면 안 된다.

그러면 애매한 규칙으로 납득할 수 있는가 하는 의문이 남지만 애매함을 커버하는 것이 신뢰이다. 바꿔 말하면 신뢰에 의해 애매함을 메우는 것이다. 또한 경직성이라고 하는 함정에 빠지지 않기 위해서는 리더가 환경에 따라 규칙을 유연하게 변화시켜야 하나 그 변화가 수용될지 어떨지도, 조직이나 리더에 대한 신뢰에 달려 있는 것이다.

리더가 행해야 하는 것은 규칙에 이 이상의 정밀함을 추구하는 것이 아니다. 평가하는 측과 평가받는 측의 신뢰관계라고 하는 눈에 보이지 않는 관계를 구축하는 것. 그것이야말로, 조직의 활성 효율을 높여 구성원의 동기부여를 극대화하기 위한 합리적인 시책인 것이다.

그럼 신뢰란 도대체 어디로부터 오는 것일까? 결론부터 말하면 그것은 약속과 실행을 거듭하는 것에 의해서 밖에 구축할 수 없다. 신뢰는 약속으로부터 발생하는 것이다.

여기서 무언가의 이유로 신뢰 관계가 단절되어 있는 A와 B 두 사람의 관계를 상정해 보자. 이 양자의 신뢰 관계가 회복할 가능성은 단 하나뿐이다. 그것은 어느 한 쪽이 다른 한 쪽에 약속하는 것이다. 예를 들면, 이후에는 절대 거짓말을 하지 않겠다라던가 절대로 시간에 늦지 않겠다, 혹은 반드시 언제까지 ○○를 실행하겠다 등이다. 그리고 그 약속을 한 당사자가 그 약속대로 실행한다.

이 단계에서 처음으로 양자의 신뢰 관계는 일보 전진한다. 그리고 '약속 → 실행'의 순환 과정이 몇 번이고 거듭한 후에 견고한 신뢰 관계가 구축된다.

이와 같이 신뢰는 약속과 실행의 반복에 의해 그 토대가 쌓아지는 것이다. 그러나 단 한번 그 약속이 깨지면 한 순간에 그 토

대가 흔들리게 된다. 신뢰라고 하는 관계는 약하고 깨지기 쉽다.

반복하면 리더가 규칙이 가지는 본래의 효용성(=조직 활동의 효율을 높인다)을 누리는 한편으로 규칙의 함정에 빠지고 싶지 않다면, 가장 에너지를 쏟아야 하는 것은 조직 내에 신뢰라고 하는 관계를 구축하는 것이다.

그 방법은 리더가 구성원에 대해 약속하는 것, 그리고 그것을 지키는 것, 어떠한 작은 것도 좋다. 어쨌든 구성원의 신뢰를 획득하기 위해 "○○를 실현한다, ○○를 달성한다, ○○를 중시한다, ○○는 절대로 하지 않는다" 등의 약속이나 선언을 한다.

기일이 명확한 것은 더욱 효과적이다. 또한 개인 관계를 구축하는 속도를 빨리 하고 싶다면, 리더는 구성원을 향해 많은 약속이나 선언을 할 것, 그리고 그것들 전부를 신속하게 실행하는 것이다.

규칙의 밑바탕에는 신뢰라고 하는 관계가 불가결하며 그 구성요소가 목적으로서 규칙의 성패를 결정하는 것이다. 사람을 매혹시키는 리더는 규칙으로 구성원의 사고나 행동을 제어하는 것은 최소한으로 한다. 그 이상으로 신뢰 관계를 근거로 조직 구성원을 제어할 수 있는 관계 만들기에 많은 에너지를 소비하고 있다. 리더에게 있어서 최대의 재산은 신뢰라고 말하여지는 이유이다.

신뢰야말로 리더의 자유를 담보로 하는 최대의 요건인 것이다.

5부
커뮤니케이션 매니지먼트

리더는

동기부여 정보유통경로의 설계자이다

커뮤니케이션을 매니지먼트 한다.

관계(사이)

관계(사이)에서 발생하는 문제를 해결한다

인원	경로	형태
2	1	
4	6	
10	45	
100	4,950	

조직력을 향상시키는 방법

구성원의 동기부여를 높여 조직의 성과로 연결하기 위해서는 조직을 구축하는 개인에 초점을 맞추어, 기술 향상의 기회나 성과에 따라 보수체계를 용이하게 하는 것만으로는 불충분하다.

왜냐하면 성과주의 등의 개인 중심의 규칙 변경에 의해 분열주의가 횡행하거나, 인간관계가 서먹해지거나 하여 결과적으로 고객 만족이 소홀해져 버리는 조직도 많기 때문이다.

가령 구성원 10명으로 구성되어 전체로서 100의 힘을 가지는 조직이 있다고 하자. 이 조직의 파워를 120으로 상승시키고자 했을 때, 한 사람 한 사람의 파워를 10에서 2를 더 상승시켜 12로 한다고 하는 것이 개인에 초점을 맞춘 사고방식이다. 물론 이 도약도 중요하나, 만일 각자의 힘을 12로 할 수 있다 해도 조직의 힘은 그 배수 120이 되지 않는 경우가 많다. 오히려 상황에 따라서는 원래의 100보다도 감소해 버리는 일 조차 있다.

왜 이러한 일이 일어나는 것일까? 그것은 조직으로서의 협동 즉 관계성이라고 하는 문제가 존재하기 때문이다. 모처럼 각자의 파워가 높아져도 구성원 사이에 양호한 관계성, 바꿔 말하면 개개인의 힘을 서로 발휘하는 것 같은 연계 상태를 만들어 내지 않으면 조직 전체의 힘은 하락해 버린다.

동일하게 50명의 구성원에 의해 종합적으로 100의 성과를 만들어낸 조직이 있다고 하자. 이 경우 각 구성원의 공헌 정도를 A는 3포인트, B는 1포인트, C는 4포인트와 같이 정확하게 나눌 수 있을 것인가. 그것은 무리이다. 구성원간의 협력이나 연계라고 하는 시점이 빠져 있기 때문이다. 조직 전체의 성과를 독립한 개개인에게 정확하게 환원하는 것은 원리적으로 무리한 것이다.

커뮤니케이션 경로를 주시한다

일부 전문가 그룹을 제외하고 대부분의 기업 조직은 각자가 독자적으로 활동하고 있는 것이 아니다. 한 사람의 영업사원의 업적을 10에서 12로 하기 위해서는 그 사람의 힘만이 아니라, 상품 개발이나 뒷받침하는 사람의 힘을 필요로 한다. 조직 전체의 업무는 서로 어딘가에서 연결되어 있기 때문에 영업과 전후좌우의 관계에 있는 다양한 역할과의 양호한 연계상태를 유지하는 것이 중요해 진다.

이와 같이 개인의 힘을 최대화하여 조직으로서 유기적으로 기능하게 하기 위해서는 개인이 아니라, 개인을 연결하는 사이 즉 관계성에 초점을 맞추지 않으면 안 된다. 전항에서 설명한 바와 같이 리더는 조직 내의 신뢰의 총량을 늘리는 것을 의식해야 한다. 제도나 규칙만으로는 바람직한 성과를 만들어 낼 수 없다.

그리고 신뢰는 관계성 안에서 자라나는 것이다. 리더에게 요구되는 것은 조직 내의 관계성에 초점을 맞추어 조직 전체를 다시 보는 것이다.

많은 조직 변화에 관여해 온 경험으로 보면 조직이란 협동체이기 때문에 거기서 일어나는 문제는 사람, 부문 등의 특정한 단체가 아니라, 문제는 그들 사이에 존재한다고 하는 것이다. 그러한 의미로는 조직이란 사이, 관계성의 집합이라고 바꿔 말해도 좋다.

조직을 관계성이라고 보고 받아들이면 구성원 10명의 조직은 10명의 집합이 아니라 45개의 관계성이 있는 집합이라고 하는 것이 된다. 이 관계성은 커뮤니케이션에 의해 열리거나 닫히거나 하기 때문에 관계를 잇는 선을 커뮤니케이션 경로라고 할 수 있다.

10명 각각을 연결하는 커뮤니케이션 경로 45개는 사람 수가 늘어나면 가속하여 증가한다. 즉 조직 내의 관계성이 복잡화하는 것이다. 조직 내의 관계성이 복잡해지면 그것에 따라 조직의 환경 적응력은 저하된다. 이사소통의 난이도가 높아져 연계 상태가 악화되기 때문이다.

커뮤니케이션 경로의 수는 「인원 수×(인원수-1)÷2」의 공식으로 산출할 수 있다. 두 명이라면 커뮤니케이션 경로는 1개. 이것이 4명이 되면 6개로, 10명이면 45개가 된다. 그리고 100명이면 「100×(100-1)÷2」=4,950개로 급증하게 된다.

10명일 때와 비교하면 인원수는 10배이나 경로 수는 110배가 되는 것이다. 리더가 조직을 이끌어 바람직한 성과를 내는 난이도는 10배가 아니라 110배로 높아진다고 해도 과언이 아니다.

따라서 100명의 집단을 강화하고자 하는 경우 한 사람 한 사람의 개인의 힘을 높이는 것도 필요하나, 그 한편으로 4,950개의 커뮤니케이션 경로라고 하는 사이를 리더가 적절하게 관리 할 수 있는지 어떤지가 성패를 좌우하게 되는 것이다. 그리고 4,950개의 관계성은 충분한 의사소통과 효과적인 연계를 실현하는 것에 의해 처음으로 조직 전체의 힘이 향상되는 것이다.

그러나 무언가 문제를 안고 있는 조직에서 종종 듣는 것이 ○○부장이 나쁘다, 관리부서가 나쁘다 등, 누군가 특정인간이나 특정 부서에서 문제의 원인을 찾는 말투이다. 그러나 범인 찾는데 때때로 음성적 감정 밖에 만들어내지 않는다.

게다가 이 준비 단계에서는 누구나가 자기는 열심히 하고 있다 자기 부서는 잘하고 있다는 등의 자기 방어적이 되어 문제가 발생하고 있는 것조차 인정하려고 하지 않는 상태를 초래한다.

사이에서 발생하는 문제를 발견한다

리더가 조직 내의 문제를 발견하여 그것을 해결하는 것에 의해 조직 활동의 효율을 높이고 싶다면 문제의 개인으로 귀결시키는 것이 아니라, 사람과 사람 사이에서 어떤 문제가 발생하고 있는가? 어느 부서와 어느 부서의 연계가 악화되고 있는가? 하는 시점에서 문제를 규명하는 것이다.

때로는 영업부서에서는 매출 향상을 위해 이번 시기에 판로 활동을 강화하고 싶으나, 관리부서에서는 비용 관리의 입장에서 보아 이번 시기는 판촉비의 증대로 난색을 표한다고 하는 대립이 발생한다. 이는 영업부문과 관리부문 어느 쪽이 나쁘다고 하는 것이 아니라, 그 사이에 커뮤니케이션 문제가 발생하고 있기 때문이다.

조직의 문제는 본사와 지사, 본부와 현장, 톱과 미들, 관리자와 구성원과 같은 사이에서 커뮤니케이션이 전달되지 않아 그 결과 쌍방이 계속하여 의심하고 대립하는 기분이 생겨 야기된다. 그리고 조직의 활동 효율의 저하와 당사자의 동기부여 저하라고 하는 증상을 함께 유발시킨다.

리더는 사이에 생기고 있는 문제를 재빨리 발견하여 그 사이에 양호한 관계를 회복시킬 커뮤니케이션 기회를 만들지 않으면 안된다. 개인의 문제가 아니라 사이의 문제로 파악하는 것으로 당사자들도 문제가 존재하고 있는 것을 인정하기 쉽다. 사이에 문제가 있다는 것을 공유할 수 있다면 조직에게 있어서 커다란 전진이다. 그 다음으로 리더가 영향력을 발휘하여 사태의 개선을 향해 당사자들로부터 에너지를 끌어내는 것뿐이다.

소 통

소통이라는 조직의 혈류를 멈추지 않게 한다

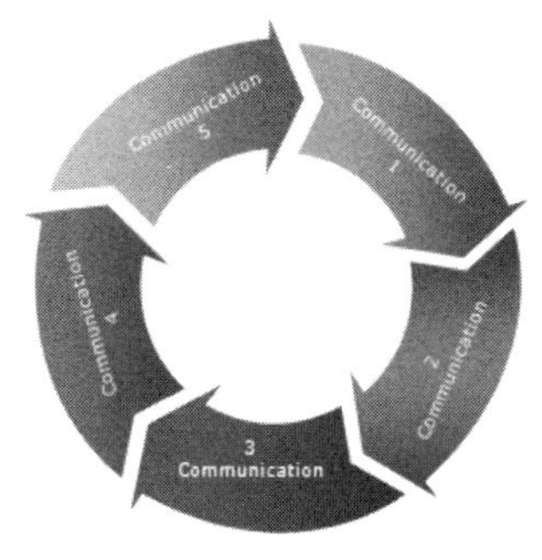

커뮤니케이션 경로의 증가를 방지한다.

원칙 25에서는 조직의 문제는 사이에 발생하는 것을 기술하였다. 이 사이를 어떻게 관리하는가 하는 커뮤니케이션 관리는 리더의 극히 중요한 사명이다. 그러기 위해서는 리더가 조직의 「내 – 외, 상 – 하, 좌 – 우」라고 하는 사이를 잇는 존재로서 기능하는 것이다, 그리고 조직과 외부환경 또는 조직 내의 커뮤니케이션이 멈추지 않도록, 정보유통경로의 설계자로서의 역할을 다하는 것이 중요하다.

조직의 인원수가 늘고 그와 함께 커뮤니케이션 경로가 증가하면, 조직 내의 커뮤니케이션의 복잡성은 높아진다. 조직을 환경에 적응하면서 성장 발전해 가는 생물이라고 한다면, 혈액의 흐름이 커뮤니케이션의 흐름이다.

혈류가 나쁘면 어깨가 굳거나 내장이 아프거나하는, 몸의 상태를 무너뜨리는 것과 같이, 조직의 어딘가의 사이에 혈전이 생겨, 조직의 혈류=커뮤니케이션이 막히면, 다양한 폐해가 생긴다. 건강한 혈액이 충분히 흐르지 않게 되면, 마지막에는 활동 효율의 저하와 구성원의 동기부여 저하라고 하는 사태가 된다.

조직의 말단에까지 흐르지 않게 된다면 지시명령의 전달이 늦어진다, 조직에게 있어서 중요한 정보 공유가 불완전하게 된다, 협동체로서의 연계가 잘 되지 않게 된다 등의 증상으로 활동 효율이 저하한다. 또한 구성원의 조직의 공헌감도 잃어 연계감이 희미해지고, 동기부여 저하를 초래해 버린다. 즉 커뮤니케이션 폐색이라고 하는 상태를 계기로 조직 전체가 활력을 잃고, 결국은 중병에 걸려 버리는 것이다.

이와 같은 상태가 되지 않도록 리더는 조직 내의 커뮤니케이션 경로의 증가를 방지하여, 복잡성을 저하시키지 않으면 안 된다. 그럼, 도대체 어떻게 하면 좋을까? 여기서는 100명의 조직을 예로 들어 설명하겠다.

접속점에 인재를 배치한다

100명의 조직의 커뮤니케이션 경로의 수는 전항에서 공식을 소개한 대로 100×(100-1)÷2=4,950개가 된다. 한 명의 리더가 리더십을 발휘하여 조직을 일정 방향으로 인솔하기 위해서는 이 경로 수가 지나치게 많다. 그렇다고 해서 4,950개의 상호 관계를 가지고 있는 채로의 상태를 방치해 두면 조직에 혼란을 초래한다. 그래서 전체의 경로 수를 줄이는 대처를 행할 필요가 있다. 구체적으로는 다음과 같다.

먼저 적은 인원수의 팀으로 분할하여 거기에 팀 리더를 둔다. 그렇게 하는 것으로 커뮤니케이션 경로의 수를 격감시킬 수 있다.

예를 들면 100 명의 조직을 10명씩 팀으로 분할하면 10개의 팀이 생기므로 10명의 팀 리더를 둔다. 그러면 각 팀 내의 커뮤니케이션 경로의 수는 10×(10-1)÷2=45개가 되어 전체로 10팀이므로 45×10=450개이다. 덧붙여 팀 리더끼리 커뮤니케이션을 하는 팀장그룹이라는 횡단의 상위 조직이 탄생하게 된다.

앞의 450개에 팀장그룹 커뮤니케이션 경로 수 45개를 더하면 "팀 내의 커뮤니케이션 경로 총 수 450개 + 팀장그룹의 경로 수 45 = 495개"로 조직 운영 할 수 있게 된다. 당초는 4950개였으나, 팀제를 도입하는 것에 의해 전체의 10분의 1로 커뮤니케이션 경로 수를 줄일 수 있게 된다.

다만 여기에는 팀 리더가 커뮤니케이션의 접속점의 역할을 담당하여, 충분히 기능하는 것이 조건이 된다. 커뮤니케이션의 접속점이란 조직 내에 혈전이 생기지 않도록 위의 정보를 아래로, 아래의 정보를 위로, 혹은 정보를 오른쪽에서 왼쪽으로 막힘없이 혈액을 흐르게 하는 중간접점의 역할을 말한다.

리더가 그와 같은 역할을 담당할 수 있는 인재를 파악하여 접속점의 위치에 배치하는 것, 그리고 조직 전체로서 정보 유통이 부드럽게 행하여지도록 보호하는 것이 커뮤니케이션의 혈전을 방지하는데 있어서는 중요한 것이다.

발신력과 수신력을 가진 인재

그러면 어떤 인재를 접속점에 배치할 것인가. 그것은 정보의 매니지먼트라고 하는 관점에서 다음의 2가지 능력을 중시하여 인재를 선발하는 것이다.

첫 번째는 필요한 정보를 편집하여 정확하게 전달해 가는 발신력, 그리고 두 번째는 정보를 제대로 받아들이는 수신력이다. 조직 전체의 커뮤니케이션의 접속점을 담당하기 때문에 정보의 수·발신 능력은 그 역할에 있어서 필수라고 할 수 있을 것이다.

발신력이란 어떤 정보를 전달할까라는 선택력, 정보를 어디까지 전달할까라는 압축력, 어떻게 전달할까라는 표현력 등이다. 단지 들은 대로 전달해서는 접속점을 거칠 필요가 없다. 발신 내용의 중요사항을 요약하고 그 배경이나 의미를 부여하는 등, 정보를 편집하고 압축하여 발신시점과 수신측의 상황을 판단하는 것이 중요하다.

덧붙여 접속점의 역할을 담당하는 사람이 자신의 말로 발신하는 것이 무엇보다도 중요한다. 그 정보를 진실로 이해하고 있는가? 자신의 말로서 전달하는가? 에 따라 구성원이 받아들이는 수신력이 전달방법에 따라 큰 차이가 나기 때문이다.

발신할 때에는 전달하는 콘텐츠의 적절한 취사선택, 전달방법의 적절함, 전달 장소나 분위기 등의 요소가 복잡하게 얽힌다. 발신력이란 가장 전달하고 싶은 것을 얼마나 알기 쉽고 원활하게 전달할 수 있는가, 그리고 결과적으로 정보를 받는 사람이 얼마나 이해를 하는가이다.

수신력이란 발신자인 상대방이 무엇을 '전달하고자 하는 내용 = 전달 받은 정보의 중요도'를 판단하여, 발신자가 '무슨 목적으로 이 정보를 내게 전달하는가? = 전달받은 정보의 의미 해석'이라는 받아들이는 능력 이라고 할 수 있을 것이다. 덧붙여 접속점을 담당하는 인재에게는 단지 주어진 정보에 머무르지 않

고, 필요한 정보를 스스로 적극적으로 채집하는 능력이 필요하게
된다.

아무리 강한 발신력을 가지고 있어도 수신력이 없으면 접속점
이 될 수 없다. 누구로부터 어떤 정보를 어떤 방법으로 주의 깊
게 정보를 수신하고, 그것에 자기의 해석을 더하여 받은 정보를
자신의 것으로 만들어 그것을 필요한 사람에게 발신하는 능력이
필수적이다.

리더는 조직의 내-외(내부조직과 외부조직)의 접점이며, 조직
내의 상-하, 좌-우의 정보유통경로의 설계자이다.

조직은 그 규모가 확대됨에 따라 부득이하게 기능의 분화(횡방
향의 분화)와 계층의 분화(종방향의 분화)를 하게 된다. 종적분
화 또는 횡적분화는 조직의 성장에 있어서 숙명이다. 그렇기 때
문에 그 분화 과정에서 리더의 역할이 중요하다. 리더의 정보유
통관리의 능력이 조직의 생명선을 쥐고 있는 것이다.

조직의 활동 효율과 구성원이 동기부여는 그 조직 안을 혈액과
같이 흐르는 커뮤니케이션의 콘텐츠에 따라 크게 영향을 받는다.

당신이 조직을 이끄는 리더인 경우 정보유통의 관점에서 접속
점을 담당하는 인재 선발에 최선을 다하여야 한다. 리더의 중요
한 역할 중 하나가 인재의 선발과 육성이다. 자신이 팀의 리더인
경우 가장 먼저 해야 하는 것이 정보의 수신력과 발신력을 높이
는 접속점의 역할을 충실히 수행하는 것이다.

보 수

커뮤니케이션이라는 보수를 제공한다

조직과 개인의 대립에 의한 갈등을 해소한다

커뮤니케이션의 관리를 하는 리더는 구성원의 동기부여를 높여 조직의 공헌활동을 이끌어내어 조직과 구성원의 상호 도움을 실현시키는 주역이다. 그렇기 때문에 리더는 먼저 조직에 대한 기여활동이 어떤 매커니즘mechanism으로 구성원에게서 끌어내는가를 알아야 한다.

원래 구성원이란 조직 관점에서 보면 조직의 목표를 달성하기 위한 구성원임과 동시에 개별 관점에서 보면 자기 자신의 목적이나 욕구를 갖고 활동하는 개인이다. 그래서 구성원은 조직의 목표를 달성하는 것과 개인으로서 자신의 욕구를 충족하는 사이에는 많든 적든 숙명적으로 대립에 의한 갈등이 발생한다.

이 갈등을 해소하는 것이 조직으로부터 구성원에게 주어지는 넓은 의미의 보수이다. 이 보수야말로 구성원의 조직에 대하여 기여하는 활동의 크기를 결정한다. 구성원이 조직에 기여하는 행위를 담보하는 것은 개인의 욕구를 충족하는 보수를 바라기 때문이다.

즉 구성원이 만족하는 보수이면 조직에 대하여 최대한 기여하고자 하는 동기부여가 되고, 불만족한 보수이면 조직에 기여하고자 하는 동기부여가 저하하게 된다. 최악의 경우 구성원은 그 조직으로부터의 이탈을 결심하게 된다. 그러면 구성원에게 있어서 무엇이 보수가 될 수 있을까? 보수는 받는 쪽이 매력을 느끼는 것이 아니라면 조직을 위하여 최대한 역량을 발휘하지 않을 것이다.

고도 경제성장기에 있어서의 보수의 중심은 돈과 지위였다.

일찍이 기업은 종신 고용이나 연공서열이라고 하는 제도를 채용하는 것으로 개인과의 장기적인 구속 관계를 지향하였다. 한편, 개인은 생활수준을 높이고 싶다는 욕구 아래 조직에 대한 전면적인 충성스런 행동의 대가로서 돈이나 지위를 바라고 그것을 성취하고자 하였다.

그러나 현대에 있어서 특히 젊은 층에는 먹고살기 위해 필사적으로 일한다는 절박감이 놀라울 정도로 희미하다. 살아가는 데

꼭 필요한 정도의 돈만 원한다면 그런 직장은 얼마든지 찾을 수 있는 시대가 되었기 때문이다. 또한 지위에 대해서도 그다지 큰 매력을 느끼지 않는다. 지금과 같이 하나의 기업에 장기간 근무 하고자 하는 개념이 무너진 인재 유동화 시대에는 젊은 층이 민감하게 반응하는 것은 조직 내에서의 지위가 아닌 자신이 조직 밖으로 나왔을 때의 시장 가치로 변하고 있다.

돈이나 지위를 대신하는 새로운 보수

예전에는 어차피 평생 이 조직에 있을 것이면 윗자리를 지향하는 편이 생활도 풍족해 진다고 하는 이유로 조직의 안쪽으로 눈이 향해 있었으나, 지금은 기회만 있으면 경력개발을 하고자 하고, 자신의 시장가치는 어느 정도일까를 생각하고 있어 의식은 외부를 향하고 있다.

또한 현대는 가치관이 다양화하고 있어 물질적인 풍요보다도 정신적인 풍요를 누리고 싶어 하는 사람도 많다. 경제적인 풍요보다도 자신이 누군가에게 공헌하고 있다는 신뢰감이나 자기답게 활동하고 있다는 충만감 혹은 자신이 성장할 수 있는 가능성에 마음의 풍요를 구하는 사람이 늘고 있다.

그렇게 되면 앞으로의 리더는 금전이나 지위를 보수의 축으로

한 예전의 관리기법을 바꾸지 않으면 안 된다. 그리고 그것을 대신하는 새로운 보수를 가지고 조직의 목표달성과 개인의 욕구충족의 사이를 이어가는 관리로 전환하지 않으면 안 된다. 돈과 지위를 당근으로 하여 구성원을 뛰게 하는 것이 가능한 시대는 끝을 고하였다.

그러면 돈이나 지위를 대신하는 새로운 보수란 무엇인가. 그것은 리더의 커뮤니케이션으로부터 생기는 보수 즉 커뮤니케이션 보수이다. 사람은 누구나 즐겁게 일하고 싶다. 의미 있는 일을 하고 싶다. 누군가에게 기대를 받고 싶다. 존경할 수 있는 사람에게서 배우고 싶다. 자신다운 목표를 가지고 열심히 일하고 싶다는 자기실현욕구를 가지고 있다.

전에는 물질적인 충족을 위하여 목적을 달성하는 것이 첫째 의미였기 때문에 개인의 자기실현욕구는 중요시되지 않았다. 그러나 현대는 조직과의 구속관계로부터 풀려난 개인이 각각의 욕구에 근거하여 살아가는 것에 눈 뜬 시대이다. 개개인이 가지고 있는 자기실현욕구를 자극하는 커뮤니케이션을 행사하고, 그것을 넓은 의미의 보수로 바뀌 가는 힘이 리더에게는 필요해지고 있는 것이다.

월급이 지금보다 10만원 줄었다고 해도 자신을 필요로 하고 있는 조직에서 열심히 일하고 싶다고 생각하는 사람은 셀 수 없을 정도로 많다. 그러한 사람들에게 3만원의 승급을 약속할 테니 어쨌든 힘내라고 하는 것으로 동기를 부여 할 수 없다. 반대로 리더가 자신이 하는 일은 누구나 할 수 있다고 하거나, 무슨 일을 하는 지 잘 모르고 있다면 동기부여는 저하될 뿐이다.

리더가 자신에게 기대하고 있고, 이 조직에서 필요한 존재라는 신뢰감을 주는 것이 구성원에 있어서 10만 원 이상의 가치가 있을 것이다.

커뮤니케이션 보수의 최대의 특징은 금전이나 지위의 보수와 같이 한계 있는 것이 아니라, 리더에게 그 능력이 있다면 무한하게 제공하는 것이 가능하다는 것이다. 리더의 커뮤니케이션 보수가 하루에 1만 원의 가치를 부여하는 인재가 100명이 있다고 한다면 하면 그것만으로도 하루에 100만 원의 가치에 상당하는 조직기여활동을 만들어 낼 수 있다는 계산이 나온다.

개인은 자신의 자기실현욕구를 충족할 수 있는 조직을 찾고, 조직은 목표달성을 향하여 충분한 기여를 해줄 개인을 찾고 있다고 하는 것을 이해하지 않으면 안 된다.

커뮤니케이션을 보수로서 받아들인다

인재유동화시대는 '선택되는 조직과 선택되지 않는 조직'과 '선택되는 개인과 선택되지 않는 개인'이라고 하는 양극화를 더욱 진행시켜 갈 것이다. 조직과 개인 서로에게 있어서 선택 여지가 늘어난다고 하는 것은 결코 나쁜 일이 아니다.

그러나 개인이 조직으로부터 선택되도록 노력하지 않으면 안 되는 것과 같이 인재유동화라고 하는 사회적 관계가 정착하면 조직 또한 개인의 욕구를 충족시킬 만큼의 보수를 제공하지 않으면 개인으로부터 버림받게 된다. 조직은 지금부터 개인의 동기부여를 유발하는 것에 전력을 기울이지 않으면 안 되는 시대가 되었다.

자신이 일을 하는 의미와 가치의 상승 등에 대한 욕구를 충족시켜주지 않는 조직에는 깨끗이 이별을 고한다. 금전이나 지위라고 하는 보수만으로 이제는 개인이 조직에 기여하는 행위를 끌어낼 수 없다. 일하는 보람을 실감시켜 주는 커뮤니케이션 보수를 구성원에게 제공할 수 있는 리더가 있는가에 따라 구성원으로부터 양질의 공헌을 이끌어 낼 수 있느냐를 결정하고, 동시에 시장에서의 경쟁력을 확보할 수 있는 기업과 없는 기업으로 결정되는 것이다.

외부 환경에 신속하게 대응하는 것도 필요하나 리더는 외부뿐만 아니라 내부 환경의 변화에 민감하게 대처하지 않으면 안 된다. 내부 환경을 충실하게 하기 위해서는 구성원이 자신의 미래를 위해서 여기서 일을 해야 한다, 1년 5년 10년 후에도 여기서 일한다고 생각하도록 해야 하며, 미래의 구성원(입사 희망자)이 여기서 일하고 싶다고 희망하는 지원자가 많은 조직의 리더가 되도록 실천하지 않으면 안 된다. 리더 자신이 보수의 자원을 만들어낼 수 있도록 진지한 검토를 하여야 한다.

커뮤니케이션을 보수로서 제공하고 받는다는 이 새로운 발상이 조직의 활력을 만들어 냄과 동시에 리더십의 성과를 크게 좌우하는 것임에는 틀림없다.

언 어

자신만의 언어와 행동으로 조직을 변화시킨다

조직을 변화시키는 언행을 바꾼다

리더에게 있어서 가장 어려운 주제는 조직의 변화이다. 환경변화에 대응하기 위해 구성원의 사고와 행동의 습성을 바꾸는 데에는 커다란 에너지가 필요하지만 여기서는 조직 변화의 원동력이 되는 2가지 무기를 소개하겠다.

첫 번째는 리더의 언행을 바꾸는 것이다. 이것이 가장 효과적인 방법이다. 왜냐하면, 구성원은 리더의 언행에 영향을 받고 리더가 관심을 나타내는 사항밖에 들으려 하지 않기 때문이다.

예를 들면 고객의 클레임을 어느 구성원이 리더에게 전달하고자 했을 때 리더가 잠시라도 싫은 표정을 지으면 그 구성원은 두 번 다시 마이너스 정보를 올리지 않게 된다. 또 싫은 얼굴을 할 것 같은 느낌이 들기 때문이다.

반대로 언제나 리더가 관심을 가지고 있는 주제에 대해서는 자연히 정보가 모여진다. 조직이 하나가 되어 만들고 있는 새로운 전략의 정착 정도나 경합타사의 동향 등 리더는 이 이야기라면 흥미를 가지고 들어 줄 것 같은 느낌이 구성원의 머릿속에 형성되고, 그것이 출발점이 되어 커뮤니케이션이 이루어지기 때문이다.

문제를 대할 때 좋은 것만 골라 취하는 리더의 태도는 구성원의 사고나 행동에도 크게 영향을 준다. 분열주의, 팀워크 경시의 개인 지향, 새로운 것에 도전하지 않는 안정 지향, 고객 쪽을 향하여 있지 않은 업무의 진행 방법 등, 직장에 바람직하지 않는 풍토가 생성되고 있다면, 그것은 리더 자신의 언행에 의해 유발된 나쁜 부산물이라고 생각해야 한다.

만일 리더가 관심의 범위를 넓혀 정보를 보내는 방법을 개선하고 귀를 기울여 주제에 대한 행동을 개선하여 실행하면, 구성원의 사고나 행동에 영향을 주저 조직을 전체를 변화시키는 원동력이 될 수 있는 것이다.

만일 분열주의에 의해 조직의 효율이 저하되고 있는 경우에 리더는 항상 부서나 사업부끼리의 연계가 잘 되고 있는가? 어떤가? 하고 질문을 던져야 한다. 그리고 개선을 위한 상황에 귀를 기울여 바람직한 행동을 발견하면 그것을 표면화한다. 그리고 자신도 그것에 관심과 시간을 갖는 것이 중요하다.

새로운 것에 도전하지 않는 분위기는 이제까지 리더 자신이 새로운 제안에 그다지 관심을 나타내지 않았거나 제안을 거부한 것에서 발생한 것이다. 이와 같은 상태를 개선하고 싶다면 항상 무언가 새로운 아이디어를 요구하고, 실패를 두려워 말라고 구성원에게 반복하여 전달하고, 실제로 몇 개의 제안을 받아들여 시행해 보는 것이 중요하다.

또한 고객을 경시하고 내적 지향에만 매달려 실적이 침체된 상태를 벗어나지 못하고 있다면, 리더는 항상 고객을 중요시하는 커뮤니케이션 활동의 증가에 역량을 발휘해야 한다. 리더가 고객이 발신한 정보에 관심을 기울이고 필요한 정보를 모으는데 집중하면 구성원도 고객을 대하는 태도가 변하게 된다.

조직을 변화시킬 때 리더의 첫걸음이 「계기」를 창조하여 작은 변화를 큰 변화로 만드는 역할을 한다. 그러므로 리더는 자신이 갖고 있는 영향력을 정확하게 인식하여 성공을 향한 순풍을 스스로 만들어 내야 한다.

리더가 무엇에 관심을 표명할 것인가? 무엇에 시간을 집중할 것인가? 등이 조직의 변화에 큰 힘을 발휘하는 것이다.

조직을 변화시키는 언어를 창조한다

두 번째는 조직의 변화에 커다란 위력을 발휘하는 요소로서, 그것은 새로운 언어를 창조하는 것이다. 리더는 말이 가진 위력에 대해서도 충분히 인식해 두어야 한다.

먼저, 대체 말이란 무엇인가에 대해 설명하고 싶다.

우리들은 말에 따라 세계를 나누고 있다. 말의 기원에 관해서는 여러 가지 설이 있으나, 사물을 나타내기 위해 재현성이 있는 추상(抽象)이라고 하는 것으로 바꿔 말하면 "다른 것과의 교환 가능성"을 높이기 위한 추상하는 것이 기원이라는 것은 틀림없을 것이다.

예를 들면 당신이 개를 기르고 있다고 하자. 우리들은 '개'라고 하는 추상개념으로 묶는 것에 의해 당신이 어떠한 '생물'을 기르고 있는가에 대한 공통의 인식을 가질 수 있다. 즉 추상개념을 만들어 공유하는 것으로 정부공유 비용을 낮추고 있는 것이 된다. 그리고 '개'라고 이름 붙이는 것에 의해 고양이나 다른 동물과의 구별하고 있는 것이다.

그러나 이 추상개념으로 묶는 방법이나 나누는 방법은 말에 따라 다양하다. 일본인은 나비와 나방을 구별하고 있으나 프랑스인에게 있어서는 양쪽 모두 파피용papillon이다. 일반적으로 관심이 높은 것일수록 자세히 분절되는 경향이 있다. 에스키모족에게 있어서 눈을 지칭하는 언어가 70종류나 있는 것은 생존에 커다란 영향을 주기 때문일 것이다.

어학에 능한 사람이라도 외국어를 번역할 때 어떻게 대응시킬까에 고민하는 경우가 있다. 그것은 언어에 따라 세계의 분절 방법이 다르기 때문이다. 즉 세계란 우리들 자신이 창조한 말의 그물코인 것이다.

말의 그물코의 차이(세계를 나누는 방법의 차이)는 인간의 사고나 의식에 강하게 영향을 준다. 일본인은 나방이 날아오면 더럽다고 하는 사고를 움직이게 하여, 몸을 돌릴지도 모르지만 프랑스인에게 있어서는 파피용이 날아 온 것에 지나지 않는다.

자기 자신이 태어나기 전 세대에 의해 세계는 사전에 말에 의해 분절되어 있고, 그 말을 어릴 적부터 조금씩 배우는 것으로 우리들은 세계를 이해해 간다. 말을 배운다고 하는 것은 전세대의 구별방법, 전세대의 인식방법을 배우는 것에 지나지 않다고도 할 수 있다. 새로운 사고나 확인방법을 확립하고자 생각한다면 그 그물코를 부수는 새로운 언어를 스스로 창조하고 보급시켜 가지 않으면 안 되는 것이다.

즉 세계를 바꾼다고 하는 것은 그것을 인식하는 사람들의 구별방법을 바꾼다고 하는 것이다. 끝까지 파고들면 새로운 언어를 만들어내어 파급시키는 것으로 사람들의 인식방법이 바뀐다=세계가 바뀐다고 하는 것이다.

이 사고방식을 세우면 조직변화의 지름길은 사물에 대한 구별 방법을 바꾸는 것이며 조직 내에 유통하는 말을 바꾸는 것이다.

변화를 위해 새로운 개념을 정착시킨다

이전에 일본 축구대표의 감독을 맡았던 오카다 타케시씨와 대담을 하였을 때 이러한 이야기가 나왔다. 전임 오프토 대표팀 감독이 경기 중에 선수들끼리 눈과 눈을 맞추는 행위를 아이콘택트 I Contact라고 표현하였다. 그리고 감독 자신이 그 말을 반복하여 강조하는 것으로 팀플레이에 아이콘택트가 정착하였다. 결과적으로 팀의 기술력이 비약적으로 향상하였다고 한다. 이것은 새로운 말이나 개념의 위력을 나타내는 좋은 예이다.

리더는 새로운 말에 집착하여야 한다. 새로운 말이란 독자적인 네이밍naming으로 독자적인 개념을 만들어 내는 것으로 독자의 세계관을 구축하는 것과 같은 의미이다.

새로운 말을 부여할 때에는 조직의 커뮤니케이션의 복잡성을 나누고 감축하여야 그 재현성이 높아진다. 가능하다면 하나하나의 네이밍이 인상적으로 그 의미를 나타내는 것으로 공통으로 사용된다면 이상적이다.

말에 의한 변화라고 하는 사고방식은 말이 가지는 약동감이나 행동력과 같은 이미지로부터는 일견 먼 것 같이 생각될지도 모른다. 그러나 이 말이 침투한 때에는 새로운 세계가 조직의 기반이 되어 있을 것이다.

리더는 말의 위력을 알고 변화에 있어서 바람직한 새로운 개념을 조직 내에 정착시키도록 노력해야 하는 것이다.

계 기

변화의 계기를 만들어 조직을 활성화 한다

조직에서 발생하는 3가지 잡음

조직은 복수의 인간에 의한 협동체이며 거기에는 일정의 역할 분담이 있다. 역할의 분화는 효율적으로 조직 활동을 행하는데 빠트릴 수 없으나, 한편으로 분화에는 반드시 잡음이 동반된다. 이 잡음이 조직의 활력을 저하시켜 버린다. 리더는 분화의 부작용을 이해하고 조직에 발생하는 잡음의 제거에 노력하지 않으면 안 된다.

여기서는 조직에 발생하는 3가지 잡음을 소개한다.

첫 번째는 구성원의 시계나 시간관의 차이라는 잡음이다.

조직 전체의 공통의 목적인 대大목적은 중中목적이나 소小목적에 할당되어 각 구성원이 일정의 역할을 담당한다. 따라서, 조직에 있어서 자신이 어떠한 역할을 담당하는가에 따라 대목적을 쫓는 경우, 중목적을 쫓는 경우, 소목적을 쫓는 경우로 필연적으로 사물의 보는 방법이나 시계(시야)의 차이가 발생한다.

또한 그 역할에 따라 의식해야 하는 시간의 척도가 다른 것으로부터 시간 감각의 차이도 생긴다. 즉 기능 분화와 계층 분화가 진행하는 것으로 시계(시야)와 시간관의 차이라고 하는 잡음이 발생하고, 그것이 협동을 저해하는 요인이 되는 것이다.

두 번째로 조직이 동기부여의 집합체라는 관점으로부터의 잡음이다.

그것은 동기부여의 변화이다. 조직의 변화와 개인의 변화가 원인으로 협동의 의욕은 변화한다. 규모나 활동 내용의 변화에 따라 조직의 체제가 바뀌면, 당연히 수행해야 하는 중목적이나 소목적도 변화하고 그것이 개개인의 역할에 영향을 준다. 또, 개인에 대해서도 생활환경의 변화나 심리 상태에 따라 동기부여의 상태가 변한다.

구성원의 동기부여 변화가 잡음이 되어 침체되는 조직도 적지 않다.

세 번째는 커뮤니케이션 활동에 따른 잡음이다.

커뮤니케이션이란 전달하는 주체의 기술, 전달하는 콘텐츠의 적절한 취사선택, 전달하는 방법의 적절함, 전달하는 장소나 분위기 등 모든 요소로부터 영향을 받아 성립하는 것이며, 커뮤니케이션 활동에 따른 잡음은 일상적으로 발생한다. 자신이 전달하고 싶은 것이 100% 상대방에게 전달된다고 하는 것은 지나친 환상이라고 단언할 수 있을 정도다.

효과적인 협동을 하기 위해서는 구성원 사이의 커뮤니케이션은 불가결하지만 커뮤니케이션 행위에는 그 자체에 숙명적으로 노이즈 발생의 원인이 있다.

이와 같이 조직은 항상 그 발전의 저해 요인이 되는 잡음을 내포하고 있다. 리더가 아무것도 손을 쓰지 않은 채로는 잡음이 축적되어 결과적으로 조직의 침체화를 초래하고 머지않아 기능 부전에 빠지는 것이다.

잡음을 최소한으로 하고 조직을 활성화하기 위해 리더는 계기를 마련할 필요성이 있다.

이벤트로 변화의 계기를 마련한다.

숙명적으로 발생하는 잡음을 정기적으로 제거하기 위해 리더는 조직과 구성원 혹은 구성원끼리의 이벤트Event를 자주 할 필요가 있다. 이벤트 매니지먼트란 변화의 계기를 리더가 적극적으로 만들어내는 것이다, 그리고 그 기회를 활용하여 관점이나 이념의 공유, 동기부여의 조성, 구성원 끼리나 부서끼리의 상호이해나 상호화합을 실행하는 것이다.

결론부터 말하면 조직이 존속해 가는 한 일어나는 모든 사건이 리더의 의미 부여에 따라 변화이나 잡음 제거의 계기가 될 수 있는 것이다. 변화의 계기=이벤트로 활용할 수 있는 것으로서 다음과 같은 것을 들 수 있다.

- 조직이 탄생 한지 딱 ○○주년(○○개월)의 절목
- 조직의 리더가 바뀔 때
- 조직이 새로운 대응을 시작했을 때(새로운 사업과 상품 및 서비스)
- 조직에 새로운 구성원이 들어올 때
- 조직의 활동 장소가 바뀌었을 때(이전 등)
- 조직이 어떤 목표를 달성한 때 등.

또한 의미 부여가 가능한 계기는 반드시 좋은 일 만으로 한정되는 것은 아니다. 무언가 충돌이나 장애가 생겨도 그것을 잘 되었다. 이것을 계기로 좋게 받아들일 수 있다면, 그 사태를 잘 해쳐 갈 수 있을 뿐만 아니라, 변화의 계기로 전환시키는 것이 가능해 진다.

실적이 악화되는 속도가 빠른 회사는 이것을 계기로 고객의 수요를 재정리하고 이것을 계기로 사업모델을 원천적으로 변경하는 결단을 내리자, 나아가 사업모델의 변경에 대한 방향성을 구성원과 공유하는 자리를 마련하여 조직 변화의 절호의 기회로 삼을 수 있다.

또한 고객으로부터 클레임이 빈발하고 있는 경우도 이것을 계기로 고객 지향을 철저하게 도모하기 위한 다음과 같은 사내 캠페인을 펼쳐 조직의 체질을 변화시키는 기회이기도 하다

- 조직 내의 정보를 공유하는 방법을 재고하고,
- 클레임이 생기지 않도록 업무의 구조를 재검토하고,
- 비전에 따라 구성원의 바람직한 행동을 명문화하고 실행하자.

설령 실적 나쁜 리더의 교체가 있는 조직도 이것을 계기로 더욱 시대에 부합하는 회사명으로 변경하고 새로운 비전을 세워 대내외에 알리고, 전 사원에게 나아갈 방향을 제시하여야 한다. 이와 같이 조직의 변화를 지향하는 리더에게 있어서 모든 곳에 그 계기는 잠재되어 있다. 조직은 그대로 있으면 반드시 잡음의 발생에 의해 침체한다. 그렇기 때문에 다양한 계기를 활용하여 정기적인 잡음을 제거하여 개선 기회를 만들 필요가 있는 것이다.

리더는 변화의 계기를 기다리지 말고, 적극적으로 만들어 내야 한다, 그리고 모든 사건은 그 의미 부여에 따라 커다란 계기가 될 수 있다는 것을 알아야만 한다.

시장의 변화, 고객의 변화, 상품의 변화, 경쟁상대의 변화, 조직의 변화, 구성원의 변화, 모든 변화를 긍정적으로 받아 들여 모든 사건을 변화의 계기로 바꾼다. 강력한 리더와 리더십이 필요한 시대이다. 우수한 리더는 항상 변화의 계기를 찾고 있다.

변 화

임계점을 넘을 때까지 철저하게 실행한다

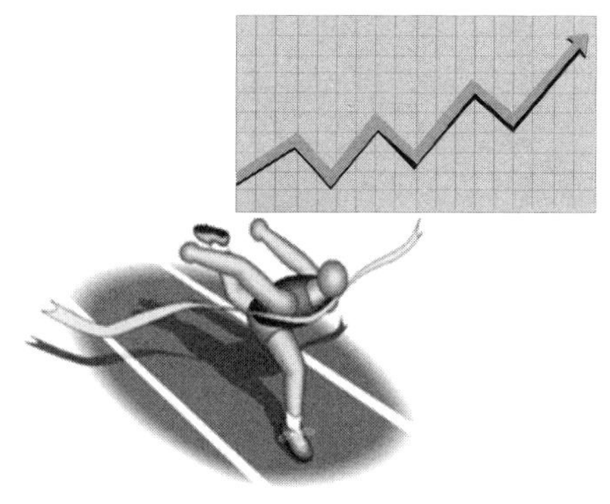

직장의 활기를 되찾는 방법

앞에서 모든 사건을 변화의 계기로 받아들여 조직에 발생하는 잡음을 제거하는 이벤트 포커스 매니지먼트의 사고방식을 소개하였다.

조직을 변화할 때에는 그 계기를 리더 스스로가 만들어 내어 그것을 받침대로서 구성원의 사고나 행동을 바람직한 방향으로 유발하는 것이 필요하다. 그러나 여기서 주의하지 않으면 안 되는 것이 있다. 그것은 조직의 변화에는 '임계점'이 존재한다고 하는 것이다. 얼마만큼 변화의 징후가 보이기 시작해도 임계점을 넘는 지점까지 적극적으로 밀고 나가지 않으면, 과거의 관성에 의해 밀리게 되돌아와 버리는 것이다.

반대로 말하면 임계점을 넘는 지점까지 가지고 가면 다음은 작은 하천의 흐름이 큰 강이 되는 것처럼, 자연히 조직 전체에 변화 행동이 퍼져 간다. 리더는 변화의 첫걸음을 내딛은 후, 임계점을 넘을 때까지 결코 걸음을 멈춰서는 안 된다. 그렇게 하여 처음으로 다이내믹한 조직의 변화를 볼 수 있는 것이다.

이 조직 변화의 임계점을 알기 쉽게 설명하기 위해 변화해 가는 과정을 예로 들겠다.

어떤 회사의 영업소장으로부터 우리의 직장은 최근 전혀 활기가 없어 곤란하다고 하는 상담을 받았다. 출근해도 아무도 활기차게 인사도하지 않고, 아침부터 침체된 분위기이다. 예전에는 활기기 있었는데 라는 것이있다.

영업소는 소장을 포함해 20명, 즉시 19명의 구성원에게 개별 면담을 실시하였는데 실로 재미있는 결과가 나왔다. 구성원 전원이 직장의 활기를 되찾고 싶다, 아무도 인사를 하지 않기 때문에 아침부터 기분이 가라앉아 버린다는 등을 이구동성으로 답하였다. 그래서 그럼, 당신은 활기차게 아침 인사를 하고 있습니까하고 물어보면 아니요, 그런 분위기가 아니기 때문에 라고 이것 또한 모두로부터 동일한 답이 돌아 왔다. 즉 전원이 자신의 일은 제쳐놓고 자신 이외의 19명이 활기차게 인사를 주고받지 않는 것이다. 아무도 그 분위기를 바꾸려고 하지 않는 것을 탓하고 있었던 것이다.

그래서 나는 소장에게 걱정 안 해도 되겠다. 내 지시대로 하면 반드시 활기 있는 직장으로 바뀔 수 있다고 알리고 약속하였다. 먼저 소장부터 아침 직장에 출근했을 때 큰 소리로 인사할 것, 월요일부터 시작하여 적어도 일주일은 매일 계속할 것을 주문하였다.

소장은 경악한 표정으로 이렇게 말하였다. 내가 갑자기 그렇게 시작하면 구성원이 당황합니다! 라고 하였다 그래도 직장의 분위기를 변화시키고 싶다면 나를 믿고 약속대로 실행해 보도록 하시오하고 소장의 등을 떠밀었다.

조직 행동을 변화시키는 두 가지 요소

그리고 월요일 아침에 소장이 갑자기 큰 소리로 인사를 시작하니까 예상대로 직장의 구성원들은 당혹감을 감추지 못하였다.

그러나 다음날인 화요일에는 19명의 구성원 중에서 2명이 부끄러워하면서도 활기차게 인사를 하는 것이다. 시행 2일째에 작은 변화가 생긴 것이다. 게다가 수요일은 6명, 목요일은 12명이 인사에 참가하여, 금요일에는 전원이 큰 소리를 내며 기분 좋게 인사를 나누는 직장으로 바뀌었던 것이다.

겨우 1주일 만에 아무도 인사조차 하지 않고, 침체하고고 있던 직장이 서로 말을 거는 직장으로 변한 것이다. 그 이유는 조직변화에 필요한 2가지 요소를 만족시켰기 때문이다.

첫 번째는 리더 자신이 변화의 방아쇠를 당긴 것이다. 이 경우는 소장이 소수의 발신자 역할을 하여 변화를 이끌었던 것이다. 소수의 발신자란, 조직 안의 소수이면서 주위로부터 공격이나 압력을 받아도 굴하지 않고, 주장이 받아들이지 않아도 결코 굽히지 않는 그러한 강함을 가진 사람을 지칭하는 말이다.

조직을 변화시키는 원동력이 되는 존재이며 어떤 조직변화 사례에도 이 역할을 다하는 지사의 존재가 열쇠를 쥔다. 이 직장에 있어서도 변화를 기대하면서도 서로가 자신 이외의 19명이 인사하지 않는 것에 불만을 품고 있는 것만으로는 이와 같은 변화는 일어나지 않았을 것이다. 변화를 이끄는 존재가 필요한 것이다. 그리고 그것이 리더 자신이라면 그 영향력을 발휘하는 이상적인 시점으로 볼 수 있다.

그리고 변화에 필요한 두 번째는 임계점을 넘을 때까지 변화의 행동을 계속할 것이다.

이 직장의 사례에서는 실은 수요일의 단계가 변화가 성공할지 여부의 임계점 직전이었다. 이 단계에서 만일 소장이 3일이나 계속했는데 인사하는 사람은 단지 6명인가? 무반응 상태의 13명은 도대체 무슨 생각인가! 라고 분개하여 다음날부터 인사를 그만둬 버리면 이 직장은 원래의 침체된 상태로 돌아가게 된다. 오히려, 일단 변화의 방아쇠를 당긴 만큼 기세가 속도를 내지 않으면, 예전으로 달려가 버릴 가능성도 있다. 인사를 시작하기 전보다도 더욱 나쁜 상태가 되어버려서는 모든 것이 허사가 되어버린다.

이와 같은 것을 몇 번이고 반복한다면 어차피 이번에도 오래 가지는 않겠지 라고 하는 분위기가 직장 전체에 퍼져 변화에 흥미를 나타내지 않고 처음부터 포기해 버린다고 하는 나쁜 풍토가 직장에 정착해 버릴 우려조차 있다.

3분의 1의 법칙을 실행한다

이 사례에서는 임계점 직전의 수요일에 포기하지 않은 것으로 목요일에는 변화의 임계점을 넘었다. 그리고 직장은 금요일에 극적으로 변화한 것이다.

이것에 덧붙여서 변화는 계속되었다. 다음 주 월요일에 들어온 아르바이트생이 직장의 구성원이 활발하게 인사하는 것을 배워서 자기 자신도 같이 활기차게 인사를 시작한 것이다. 이 단계에 이르러 이 직장의 변화는 정착되는 것이다. 변화는 계속 넓어지고 확실히 뿌리를 내려간다. 변화를 일으키려고 생각하였다면 계속할 만큼의 각오를 가지고 임해야 한다.

물론 이것은 극히 간단한 예이며 실제 조직 변화는 좀처럼 이와 같이 원활하게는 되지 않는 일도 많을 것이다. 그러나 이 예는 변화의 기본적인 구조를 시사하고 있다. 변화를 받아들이는 구성원이 어떤 일정 수를 넘었을 때, 남은 구성원은 자연히 감화되어 급속히 그 변화는 실현을 향한다.

임계점을 넘는 순간에 소수 발신자는 소수자가 아니게 된다. 일정 인원수를 넘기 한발 직전에 있는 임계점의 존재를 확인할 수 있는가 어떤가가, 성공의 열쇠를 쥐는 것이다.

나는 이제까지의 경험으로부터 조직 변화에 필요한 임계점을 넘는 기준을 3분의 1의 법칙이라 한다.

전체의 3분의 1의 구성원이 변화 행동을 받아들이게 된다면 과반수를 넘는 3분의 2로 확대될 때까지 그다지 많은 시간은 걸리지 않는다. 그리고 남은 3분의 1의 구성원은 조급함을 느껴 자신이 소외되는 것을 두려워하여, 마치 오셀로 게임에서 말이 뒤집어지듯이 다이내믹한 변화가 일어난다. 그러한 의미에서도 가장 큰 과제는 최초의 3분의 1을 형성할 때까지의 리더십인 것이다.

이것은 신상품을 판매하는 캠페인에서도, 클레임 없는 운동에서도, 신규 시장을 개척하는 강화 캠페인에서도 동일하다. 그 성과를 높이기 위해서는 뒷받침과 임계점을 넘을 때까지 계속하는 것이다.

변화와 목표달성을 위한 리더의 열정적인 마음은 틀림없이 주위에 파급해 간다. 어느 시대에도 그 마음을 전체로 전달시키려고 하는 강한 의사를 가진 소수 발신자가 실제로 새로운 시대를 만들어 가는 것이다.

만일 당신이 혼자서는 불가능한 그 어떤 무언가를 이루기를 원하고 그것을 위해 리더십을 발휘하고 싶다면 소수의 발신자가 될 각오가 다른 무엇보다도 중요하다.

[**저자소개**]

♣ (지음) 오자사 요시히사

기업 변화를 컨설팅하는 '주식회사 링크앤모티베이션'을 설립하여 대표이사로 있다. 이 회사는 '모티베이션 엔지니어링'이라고 하는 기업 변화를 서포트하는 회사로 조직관리 진단기법과 변화기법으로 일본의 경영자와 인사담당자로부터 주목 받고 있다. 일본의 주식회사 리크루트에서 인재개발과장, 영업소장, 조직인사컨설팅실장, 워크스 연구소 주간연구원을 역임 하였으며, 주요 저서로 모티베이션매니지먼트, 모티베이션스트라티지, 전략프로페셔널베이직스킬, 모티베이션컴퍼니, 부하의 업무의욕은 상사로부터 나온다, 아이컴퍼니시대 등이 있으며, 일본 와세다대학 경제학부를 졸업하였다.

♣ (옮김) 코페리더스클럽

코페리더스클럽은 기업 · 단체 · 개인의 비전과 성공을 서포트하는 분야별 전문가그룹으로 경제 · 경영, 역사 · 문화, 정치 · 사회, 교육 · 건강, 어학 · 인문 분야의 컨설팅 · 출판 · 번역 · 강의 등의 업무를 수행하는 한국재정경제연구소 프로페셔널클럽입니다.

조직 활성화를 위한

동기부여 리더십

발행일   초판 1쇄 2007.7.10
          초판 4쇄 2013.7.30

저자   오자사 요시히사
역자   코페리더스클럽

발행인   강석원
발행처   한국재정경제연구소 [코페하우스]
출판등록   제2-584호 (1988.6.1)

주소   서울특별시 강남구 대치동 889-5
전화   (02) 562-4355
팩스   (02) 552-2210
메일   kofe@kofe.kr
웹사이트   www.kofe.kr

ISBN   978-89-85808-90-3 (13320)

※[코페하우스]는 한국재정경제연구소 출판브랜드입니다